SIBYLLE WIEMER

Lektionen für die Reitstunde

MIT PRAKTISCHEN TRAININGSPLÄNEN

MIT KOSMOS MEHR ENTDECKEN

EXTRA

Tipps & Problemlösungen

SEIT 1822

KOSMOS

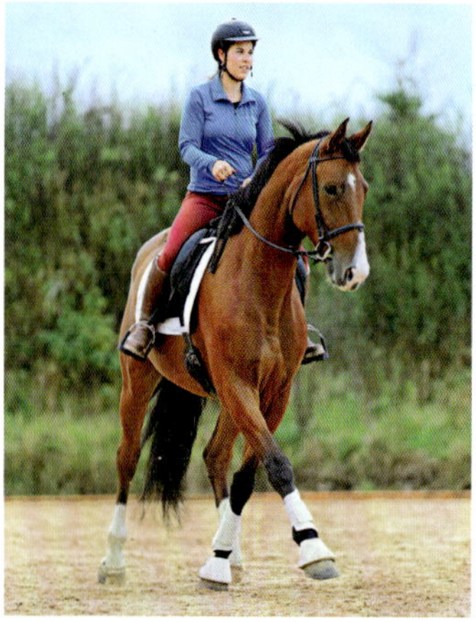

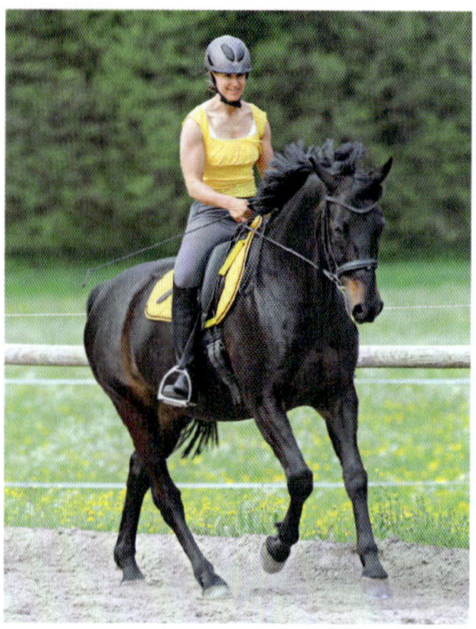

Lektionen für jeden Tag

Übungen im Vorwärts-Seitwärts

Service

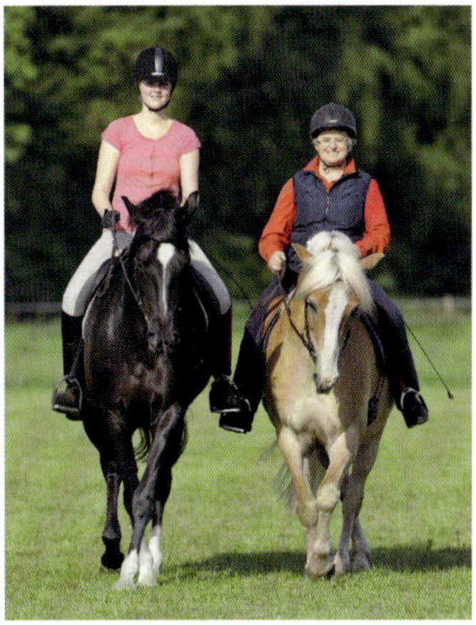

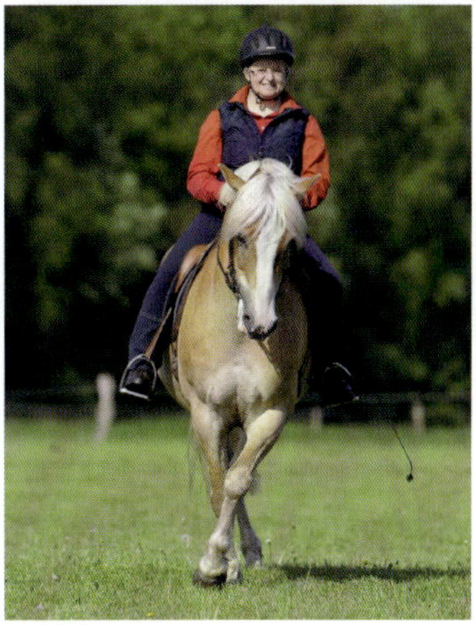

DAS KONZEPT

Neben den Übungen finden Sie Punktsymbole, die den Schwierigkeitsgrad der Übung anzeigen.

●○○ Basisübung
●●○ leichte Übung
●●● anspruchsvolle Lektion

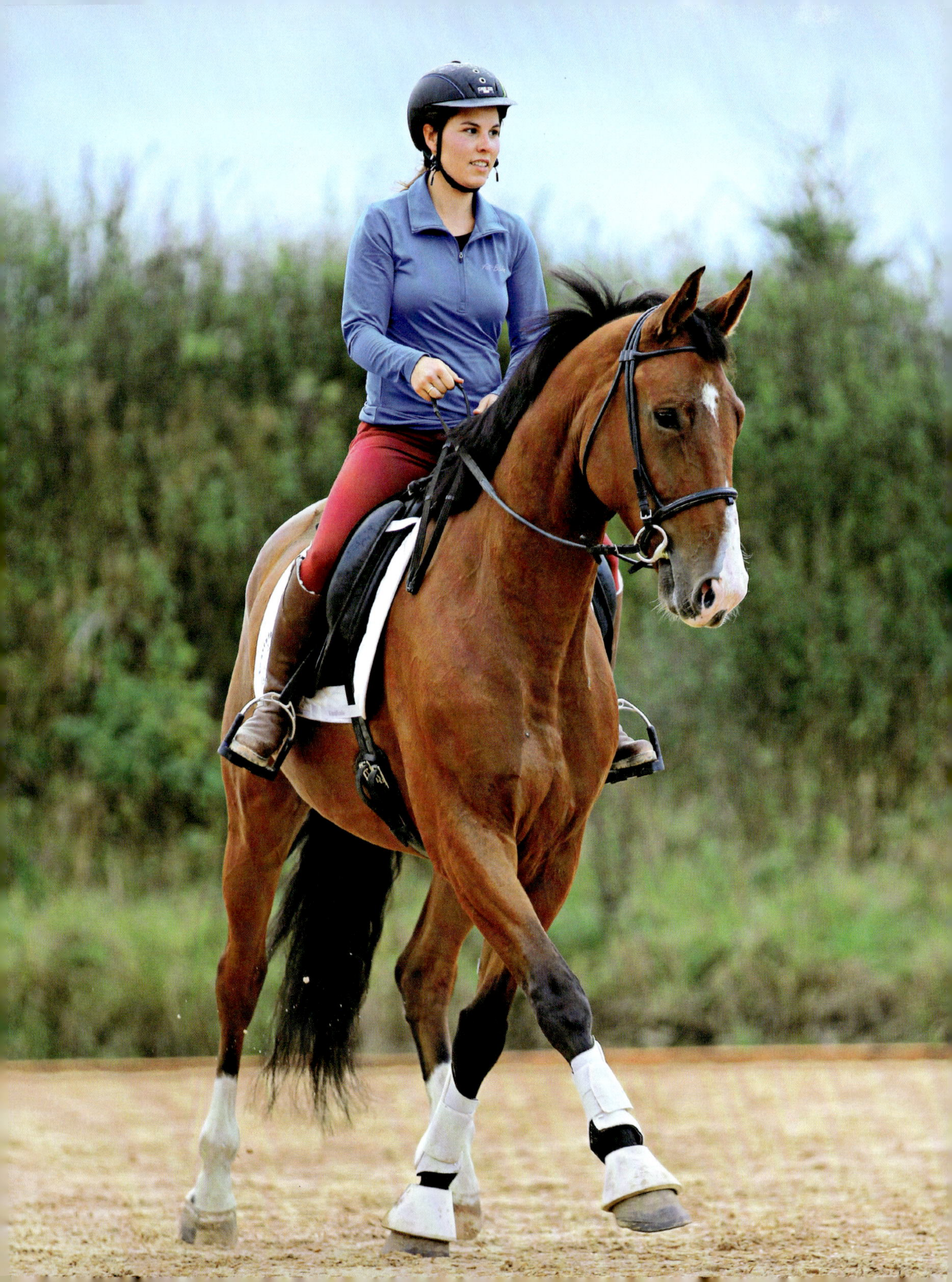

Lektionen für jeden Tag

In diesem Buch möchte ich Ihnen Übungen und Hilfen vorstellen, mit denen Sie Ihrem Pferd zu mehr Leichtigkeit, Flexibilität, Mobilität und Balance verhelfen. Ihre Reitweise spielt dabei keine Rolle. Es ist unerheblich, ob Sie auf einer Wiese, im Gelände, auf dem Reitplatz oder in einer Halle reiten. In unserem Hobby gibt es viele Variablen und Varianten.

MEINE ZIELSETZUNG

Mit den folgenden Übungen können Sie jedes Pferd, vom Shetty über den Kaltblüter bis hin zum großen Warmblüter, zum Positiven verändern. Alle Pferde sind gleich – und trotzdem so unterschiedlich und stets individuell zu behandeln.

Hier werden Sie fündig! Sie sehen verschiedenste Pferde und Reiterinnen auf den Fotos. Folgen Sie den Übungen oder den Übungsabfolgen und entwickeln Sie aus dem Angebot Ihr eigenes Konzept.

Ich hatte das Glück, stets sinnvollen Reitunterricht erlebt zu haben. Ausbilder und Experten wie Uwe Wichmann, Eva Marie Römer, Wilhelm Harms, Eckart Meyners und Philippe Karl haben mich geprägt. Ich erfinde das Reiten nicht neu, ich sammle gern gute Ideen.

Ich möchte Ihr Interesse wecken, auch ungewohnte Lektionen auszuprobieren. Sie fördern Ihr Pferd so in den Grundlagen wie Gleichgewicht und Durchlässigkeit. Viele der Übungen können Sie in Phasen der Rekonvaleszenz, mit Remonten oder alten Pferden und als Reiter ohne Halle anwenden, so wird die Bewegung, besonders das Schrittreiten, in allen Jahreszeiten abwechslungsreicher.

Die ersten Minuten jeder Reiteinheit gehören dem Schritt gehenden Pferd. Selbst wenn Ihr Pferd im Offenstall lebt, reicht die Bewegung dort nicht aus, um von Erwärmung zu sprechen. Die Gelenke sind kalt und die Gelenkschmiere ist zäh.

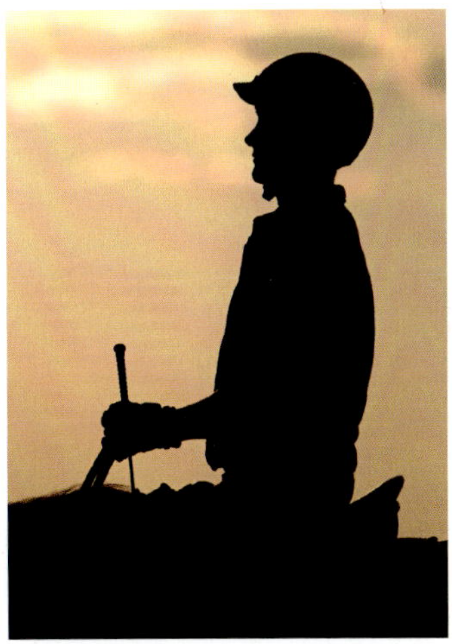

Unterstützen Sie Ihr Pferd darin, als Reitpferd gesund und belastbar zu werden und zu bleiben. Nehmen Sie sich Zeit zum Stöbern, und lassen Sie sich inspirieren. So können Sie schon den Anfang und auch die ganze Reiteinheit kurzweilig gestalten.

Dressur-Lexikon

Anlehnung
Die Anlehnung beschreibt den bloßen Kontakt zwischen Reiterhand und Pferdemaul. Diese Verbindung soll stetig, leicht und federnd sein. Auf diesem Kontakt basieren Beizäumung und Aufrichtung.

Beizäumung und Aufrichtung
Der Reiter spricht von Beizäumung, wenn er sein Pferd an seine Hilfen und an die Zügel stellt. Ein Pferd geht „am Zügel", wenn es mit aktiver Hinterhand sein Genick so weit beugt, dass sich seine Nase der Senkrechten nähert. Mit zunehmender Ausbildung kann sich das Pferd mehr und mehr in seiner Kopf-Hals-Position aufrichten, wobei das Genick stets der höchste Punkt sein soll.

Durchlässigkeit
Ein Pferd ist durchlässig, wenn es in allen Gangarten, Gangmaßen, Übergängen sowie im Halten willig, prompt und widerstandslos den Hilfen des Reiters Folge leistet.

Entwicklung der Schubkraft
Zu Beginn jeder Stunde bzw. der Ausbildung eines Pferdes steht das kraftvolle „Vorwärts" im Fokus. Die kraftvolle Vorwärtsbewegung der Hinterbeine wird dabei durch den ganzen Pferdekörper transportiert und mit zunehmender Gewöhnung an das Reitergewicht zur Selbstverständlichkeit.

Entwicklung der Tragkraft
Mit weitergehender Ausbildung kann das Pferd seinen Schwerpunkt auch mit dem Reitergewicht mehr nach hinten verlagern und damit unter das Gewicht des Reiters treten. Die vorwärtsschiebende Hinterhand entwickelt nach und nach eine tragende Funktion. Die Vorhand des Pferdes wird leichter und beweglicher. Das Pferd richtet sich mehr und mehr auf und beugt seine Hanken deutlich.

Federkraft
Ich unterscheide zwischen Federkraft und Schwung. Federkraft ist dem Pferd angeboren. Pferde, die von Natur aus federnde Gänge haben, können sich bereits in jungen Jahren durchaus schwungvoll bewegen.

Schwung
Schwung kommt von Schwingen. Der Begriff beschreibt die Kraftübertragung der vorwärtsfußenden Hinterhand über den Rücken und die Vorhand des Pferdes. Die Bewegungen erfolgen „von hinten nach vorn" durch den gesamten Pferdekörper und sind das Ergebnis der gymnastizierenden Ausbildung.

Geraderichten
Ein Pferd ist in sich gerade gerichtet, wenn es mit den Hinterhufen in die Linien der Vorderhufe fußt. Der Reiter richtet sein Pferd gerade, indem er die Vorhand auf die Hinterhand einstellt. Es ist nicht möglich, ein Pferd über die Hinterhand gerade zu richten.

Gewöhnungsphase
In der Gewöhnungsphase wird ein Pferd geduldig und einfühlsam an sämtliches Zubehör und an die Hilfengebung seines Ausbilders gewöhnt.

Gleichgewicht des Pferdes
Das Gleichgewicht beschreibt die gleichmäßige Belastung aller vier Beine in allen Gangarten und im Halten. Der natürliche Schwerpunkt des

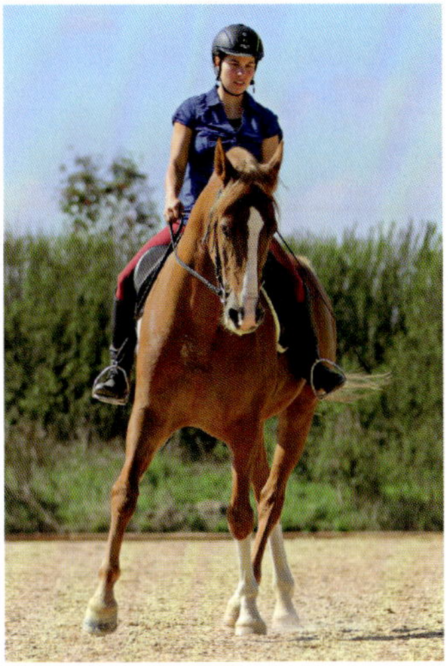

Geschmeidigkeit und Durchlässigkeit sind sehr wichtige Ziele beim Reiten.

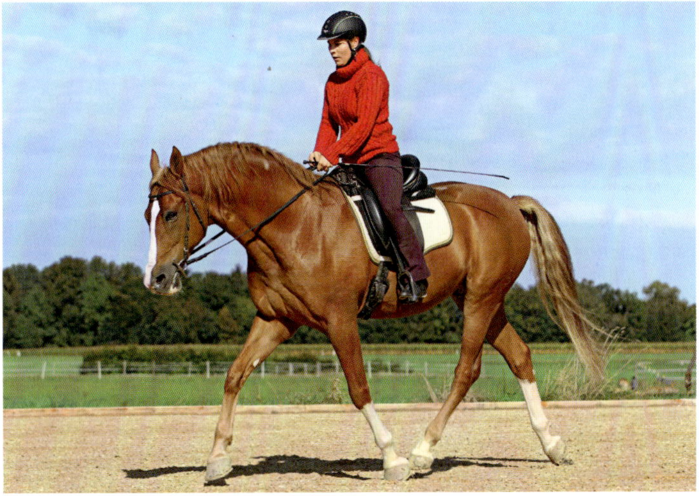

Zu jedem Zeitpunkt einer Reiteinheit sollte ein Pferd Dehnungsbereitschaft zeigen: nach jeder Lektion, nach jeder Bahnfigur und in jeder Gangart.

Pferdes befindet sich näher bei der Vorhand und sollte sich im Laufe der Ausbildung weiter nach hinten unter das Gewicht des Reiters verlagern.

Grunderziehung
In der Grunderziehung lernt das Pferd den Menschen kennen und auf seine Signale prompt und willig zu reagieren. Dazu gehört, dass es sich führen und anhalten lässt. Jedes Pferd muss an der Hand eines Reiters vorwärts, rückwärts und seitwärts gehen und wahlweise mit der Schulter oder der Hinterhand ausweichen können.

Hankenbeugung
Das Pferd beugt seine Hanken, während es sein Becken abkippt und dabei Hüft-, Knie- und Sprunggelenke vermehrt anwinkelt.

Losgelassenheit
Unter Losgelassenheit wird die Abwesenheit jeglicher Verspannung beim Pferd verstanden. Das Pferd soll sich mit frei arbeitenden Muskeln in allen Gangarten bewegen. Es wird zwischen innerer und äußerer Losgelassenheit unterschieden. Das Pferd soll innerlich gelassen und zufrieden sein und äußerlich locker und kraftvoll gehen.

Takt
Der Takt des Pferdes beschreibt das räumliche und zeitliche Gleichmaß der Bewegung in allen Gangarten, Gangmaßen und in den Übergängen. Ich ergänze den Begriff Rhythmus. Beim Reiten geht es um große, gelassene und gleichmäßige Schritte, Tritte und Sprünge und nicht um taktreine, aber eilige und kurze Bewegungen.

Versammlung
Man spricht von Versammlung, wenn ein Pferd die Kraft seiner Hinterhand aus dem Vorwärtsschub in vermehrte Lastaufnahme wandelt. Erkennbar ist Versammlungsfähigkeit dadurch, dass sich das Pferd durch seine Kopf-Hals-Position vermehrt aufrichtet und sich die großen Gelenke seiner Hinterhand vermehrt beugen.

DER REGELKREIS DER LÉGÈRETÉ

Mobilität

Die Mobilität beschreibt das sich entspannt bewegende Pferdemaul und die Nachgiebigkeit im Kiefergelenk. Das Pferd öffnet dafür sein Maul und macht eine Abkaubewegung mit entspannter Zunge. Die Notwendigkeit des entspannten Kiefergelenks resultiert aus der Tatsache, dass entwicklungsgeschichtlich bei allen Wirbeltieren das Kiefergelenk – und auch das Zungenbein – zur Wirbelsäule gehören und damit in enger Korrespondenz stehen.

Flexibilität

Die Flexibilität beschreibt die Biegungs- und Dehnungsfähigkeit des Pferdes nach rechts und links in geschmeidiger Qualität und in allen Gangarten.

Impulsion

Impulsion ist die prompte und unmittelbar willige Reaktion des Pferdes auf den vorwärts- oder vorwärts-seitwärts treibenden Schenkel. Im Ergebnis bewegt sich das Pferd flüssig, kraftvoll und schwungvoll. Es reagiert dabei unmittelbar auf die Hilfen des Reiters.

Légèreté – die Leichtheit

Légèreté ist der umfassende Begriff für den Weg und das Ziel in der Ausbildung eines Pferdes. Der Begriff steht für die sanfte, leichte und effiziente Hilfengebung, den logischen Aufbau von Übungsabfolgen und Lektionen sowie den bedingungslosen Respekt dem Pferd und dessen Körper gegenüber. Légèreté beschreibt die Leichtigkeit in der Anlehnung sowie die willigen Reaktionen des Pferdes zur Hand, aber auch das prompte Reagieren auf Schenkel und Sitz des

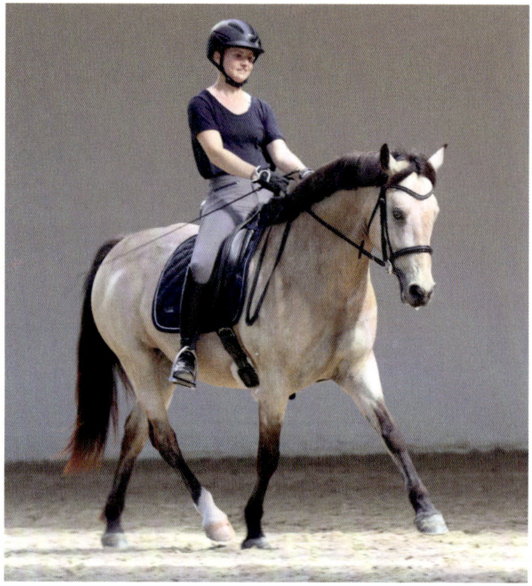

Abwechslung in den Reiteinheiten ist sehr wichtig: Regelmäßige Hand- und Biegungswechsel, Übergänge zwischen den Gangarten und in den Gangmaßen.

Reiters. In der Hilfengebung gilt der Grundsatz: Hand ohne Bein, Bein ohne Hand. Das bedeutet, dass das Pferd natürlich alle Hilfen bekommt, aber nicht gleichzeitig und nicht gegeneinander gerichtet.
Grundsätzlich wird auf rigide Hilfen, Strafen und Hilfsmittel wie fest verschnallte Nasenriemen und solche, die die Pferde in eine starre Kopf-Hals-Position zwingen, also Hilfszügel aller Art, verzichtet.

Gleichgewicht

In der Légèreté findet das Gleichgewicht des Pferdes große Beachtung. Es wird zwischen seitlichem (lateralen) Gleichgewicht und horizontalem Gleichgewicht (zwischen Vorhand und

Hinterhand) unterschieden. Ausgehend von der natürlichen Schiefe jedes Pferdes werden stets die Schultern kontrolliert und auf die Bewegungen der Hinterhand eingestellt. Erst, wenn ein Pferd in der Lage ist, beide Schulter gleichermaßen zu belasten und zu entlasten, kann ein Pferd sich wirklich losgelassen bewegen.

Schulterkontrolle

Um das Pferd unter dem Reitergewicht gerade zu richten, ist die bedingungslose Kontrolle des Schultergürtels notwendig. Unabhängig von Biegung und Stellung kann der Reiter die Schultern seines Pferdes auf die Hinterhand ausrichten. Das Ziel ist es, das Pferd unabhängig von Stellung und Biegung auf einer geraden oder gebogenen Linie zu reiten. Diese Hilfen haben großen gymnastizierenden Wert, besonders bei Wendungen in Außenbiegung.

Versammlung

Versammlung beschreibt die optimale Verbindung zwischen dem Gleichgewicht und der Impulsion. Die Légèreté ist zugleich Quelle als auch Folgeerscheinung der Versammlung. Die Bewegungen erscheinen verlangsamt, aber nicht faul oder ausdruckslos. Im Gegenteil: Erkennbar ist die Versammlungsbereitschaft des Pferdes an erhöhter Aktivität in den Bewegungen der Hinterhand, deutlicher Aufrichtung und sichtbarer Kadenz.

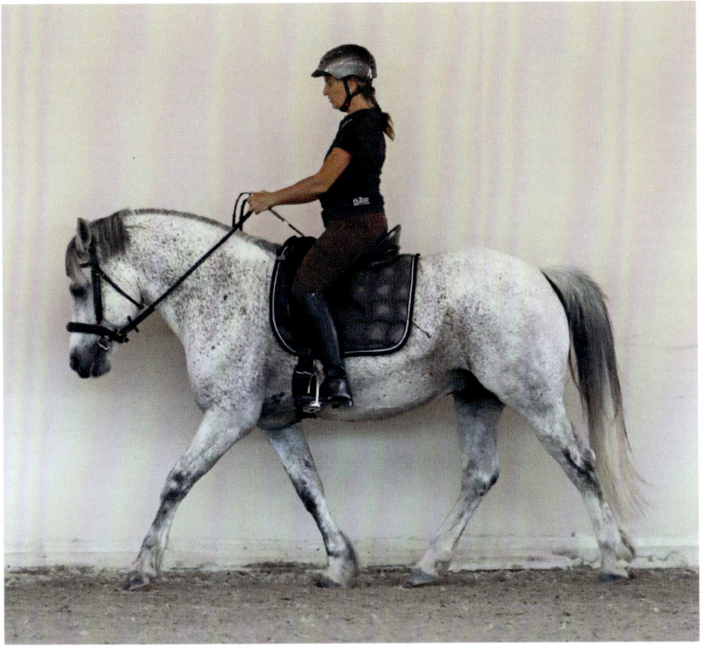

Légèreté heißt nicht mit hoher Hand zu reiten. Wenn die Hände einwirken, soll es eine sanfte Einwirkung auf die Maulwinkel sein, niemals rückwärts.

Schritt – Halten – Schritt – Übergänge

Jedes Reitpferd muss unmittelbar auf die Hilfen reagieren und prompt anhalten, stehen bleiben und antreten. Das ist eine Frage von Sicherheit und Kontrolle, aber auch von Gleichgewicht und Durchlässigkeit. Ich bevorzuge den Weg, dass ein Pferd erst auf die Signale des Sitzes reagiert, dann auf die Beine des Reiters und die Atmung, bevor die Hände leicht und beweglich zum Einsatz kommen.

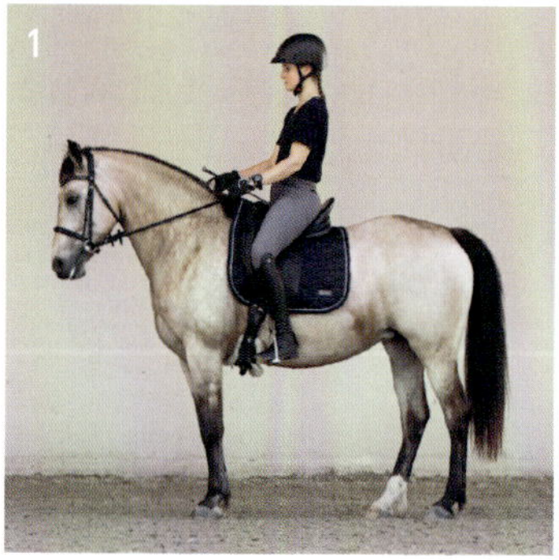

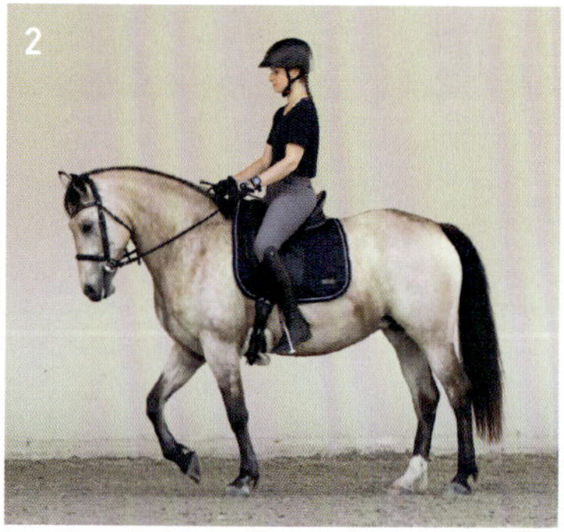

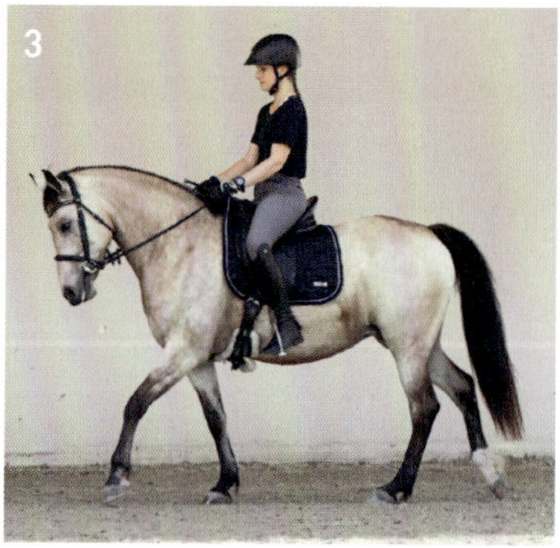

DAS PFERD

Im Idealfall reagiert das Pferd prompt auf die treibenden Hilfen und tritt bei gleichbleibender Kopf-Hals-Position fleißig an. Sollte es nicht auf den Schenkel reagieren, wird das Signal durch den Einsatz der Gerte unterstützt. Die Schrittreprise wird dem Ausbildungsstand angepasst, egal, ob im verkürzten Tempo oder im fleißigen Vorwärts. Das Pferd reagiert auf Sitz, Schenkel- und Zügelhilfen und hält willig an. Bei gleichbleibender Kopf-Hals-Position steht es auf vier Beinen im Gleichgewicht.

Bei Disharmonien entscheiden Sie präzise, auf welche Hilfe das Pferd nicht in gewünschter Weise reagiert und verbessern diese gezielt.

BITTE BEACHTEN

- Schieben Sie nicht mit Ihrem Gesäß. Diese Bewegung bewegt den Sattel auf den Rückenmuskeln gegen die Schulterblätter. Das bereitet dem Pferd Schmerzen.
- Sitzen Sie so weit wie möglich vorn im Sattel und belasten Sie Ihr Gesäß gleichmäßig. Sitzen Sie in der Senkrechten oder minimal dahinter, das heißt, Ihr Becken befindet sich leicht VOR Ihren Schultern.
- Lassen Sie Ihre Knie beim Treiben tief, so bleibt Ihr Beckengürtel beweglich, während Ihre Schenkel treiben.
- Können Sie gleichmäßigen, leichten Kontakt zum Pferdemaul erhalten?

DER REITER

Sie sitzen zentriert mit losgelassener Gesäßmuskulatur. Sie ruckeln oder schieben nicht, sondern lassen die Bewegungen des Pferdes zu. Entspannen Sie Ihre Hüft- und Kniegelenke und treiben Sie aus der hinteren Beinmuskulatur heraus. Die Signale sind kurz und präzise. Der Absatz drückt oder kratzt nicht, schon gar nicht mit Sporen. Die vordere Oberschenkelmuskulatur hat bei dieser Bewegung nichts zu tun, das Knie bleibt unten.
Führen Sie die Zügel leicht und frei, lassen Sie die Bewegungen „vorn heraus", ohne den Kontakt zum Maul zu verlieren. Die Kunst ist es, so leicht mit der Zügelhand zu sein, dass das Pferd nach vorn antreten kann, und gleichzeitig aktiv und sanft einzuwirken, damit das Pferd in der gewünschten Kopf-Hals-Position bleibt.

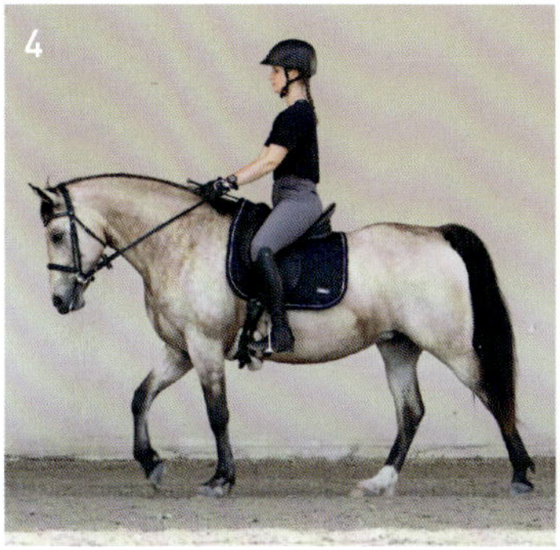

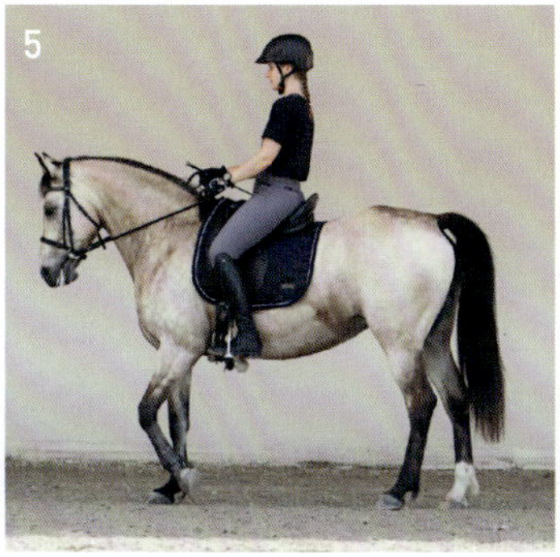

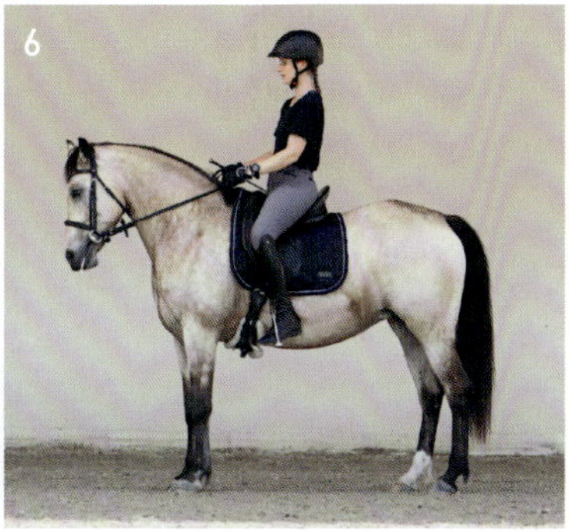

Die Stute steht nicht ganz geschlossen (1). Das Antreten beginnt mit dem rechten Vorderbein (2), es folgt das Abfußen des linken Hinterbeins. Das Pferd bringt seinen Körper über die Diagonale nach vorn (3). Das Pferd schreitet fleißig voran, während Stella die Nickbewegung begleitet und zulässt (4). Stella beginnt mit den vorbereitenden Hilfen (5) und bringt die Stute wieder zum Stand (6).
Stella könnte die Kopf-Hals-Position ihrer Stute noch stabiler begleiten und dabei das Pferdemaul mobiler erhalten. Mit verbessertem Gleichgewicht wird die Stute geschlossen stehen.

TIPP

Vor dem Anhalten fassen Sie die Zügel etwas kürzer. Beginnen Sie im Schritt, den Bauchnabel einzuziehen und wieder loszulassen, dadurch sitzen Sie tiefer im Sattel. Die Beine liegen entspannt am Pferd, der Po ist losgelassen. Dann atmen Sie aus und erst danach wechseln Sie zwischen Annehmen und Nachgeben mit den Zügeln. Ziehen Sie dabei niemals Ihre Hände zurück. Beachten Sie die Reihenfolge: Bauchnabel, Beine, Po, Ausatmen, Hand. Ihr Pferd wird auf das Ausatmen, im Idealfall auf das Bauchnabeleinziehen anhalten.

Kopf-Hals-Positionen

Die vielen Fachbegriffe, die sich auf die Kopf-Hals-Position des Pferdes beziehen, führen bei vielen Reitern zu Verwirrung. Hier möchte ich mit Bildern erklären, was Beizäumung, Aufrichtung, Dehnungshaltung, auf den Zügel drücken oder hinter dem Zügel gehend bedeuten.

WISSENSWERTES

In Aufrichtung hebt das Pferd den Hals vermehrt an, dehnt seine Oberlinie und schließt das Genick so weit, dass der Nasenrücken in oder leicht vor der Senkrechten bleibt (vergleiche Übung Seite 28).

Fehlerhaft ist die „absolute Aufrichtung", bei der das Pferd die oberen Hals- und Rückenmuskeln kontrahiert, den Widerrist zwischen die Schulterblätter absenkt und den Genickwinkel deutlich schließt. Das Pferd „macht sich eng" oder wird unverantwortlicherweise dorthin gezwungen.

Ich lehne alle Kopf-Hals-Positionen ab, bei denen der Unterkiefer eng an die Unterseite des Pferdehalses gebracht wird und das Maul sich der Brust nähert.

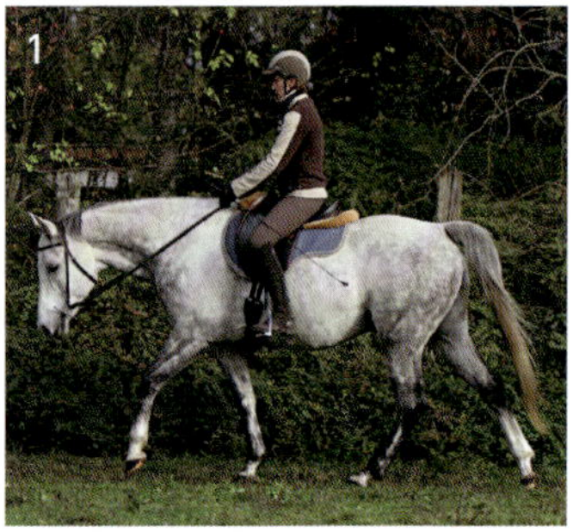

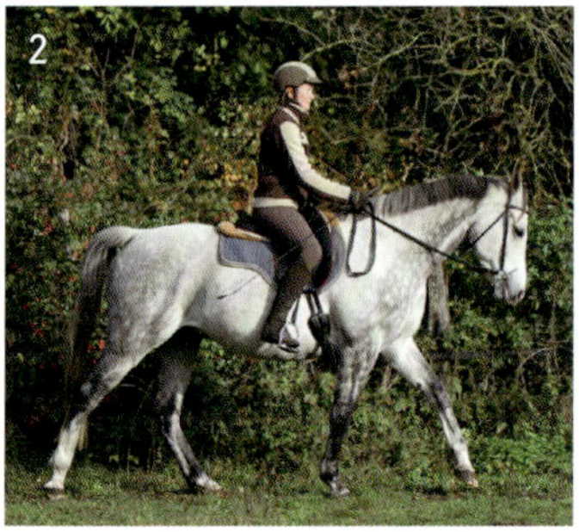

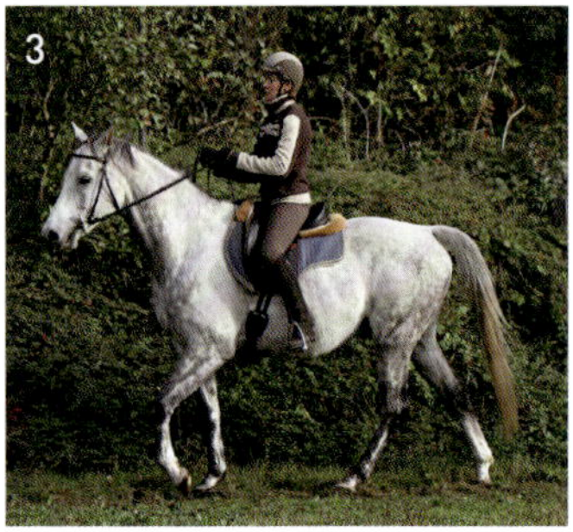

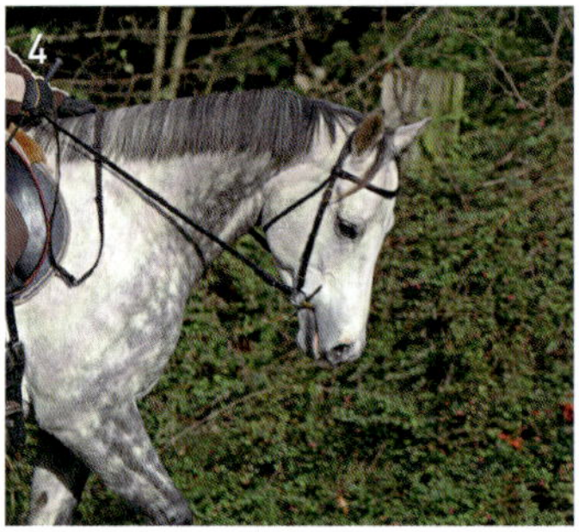

1 Futuro in der Dehnung, vorwärts-abwärts. Die Oberlinie ist gewölbt. Hierbei soll der Widerrist der höchste Punkt sein. Futuro lässt den Hals fallen, sein Genick ist offen.

2 Futuro in Beizäumung. Das Genick ist der höchste Punkt, die Nasenlinie ist leicht vor oder in der Senkrechten. Das Genick ist etwas geschlossen.

3 Hier hebt Susanne Futuros Hals an, dabei bleibt sein Genick geöffnet. Diese Bewegung entspricht einer freien Kopfhaltung, die die Pferde in der Natur einnehmen.

4 Futuro lässt seinen Hals fallen und geht hinter die Senkrechte. Er schließt sein Genick und spannt die untere Halsmuskulatur an. Das ist als Dauerhaltung abzulehnen.

Abwechslung im Zügelmaß

Unerwünschterweise verändern **viele Pferde ihr Tempo, ihren Rhythmus oder ihre Kopf-Hals-Position während des Aufnehmens des Zügels. Mit dieser Übung beeinflussen Sie die obere Hals- und Rückenmuskulatur sowie Maul und Genick. Genick und Kiefergelenk lockern sich, das Pferd spielt mit dem Gebiss.**

DIE ÜBUNG

Es geht um den Wechsel zwischen dem hingegebenen, langen und aufgenommenen Zügel im gleichbleibenden Tempo. Sie sitzen losgelassen und beginnen am hingegebenen Zügel. Nehmen Sie die Zügel sanft auf. Sowie das Pferd den Kopf heraushebt oder das Tempo verändert, lassen Sie den Zügel wieder länger und beginnen erneut. Das Pferd wird so nach und nach im Vorwärts-Abwärts bleiben. Wiederholen Sie diese Übung mehrmals und das Pferd wird dem Verkürzen des Zügels fließend und ohne Widerstand folgen. Durch diese Übung werden Ihre Hilfen geschickter und effizienter.
Achten Sie darauf, dass die treibenden Hilfen das Tempo erhalten.

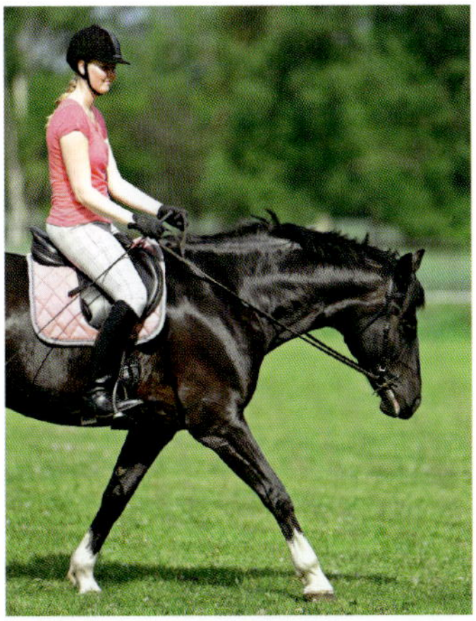

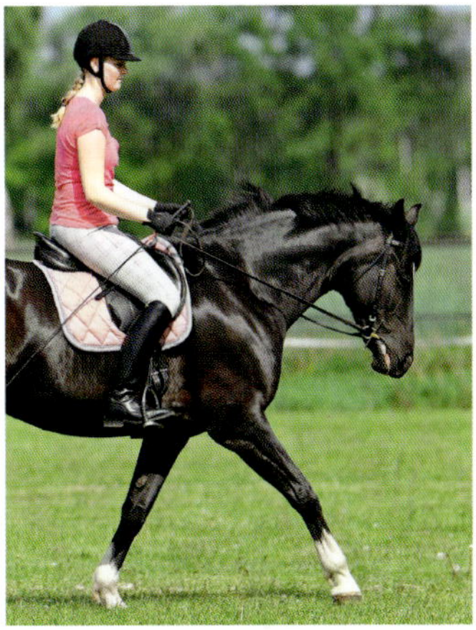

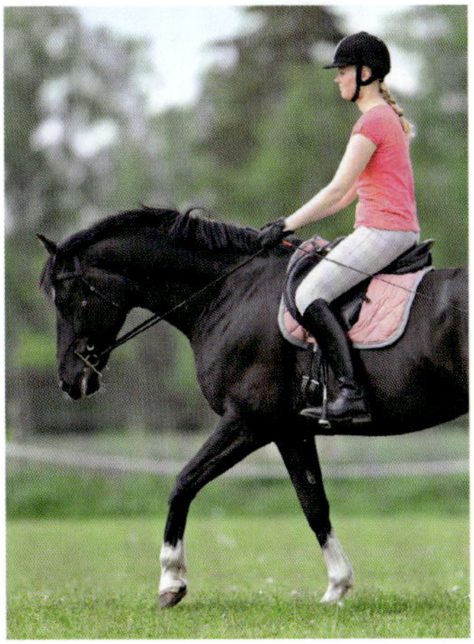

Durch wiederholtes Aufnehmen und Langlassen des Zügels erreichen Sie Beweglichkeit und Durchlässigkeit im Genick und in der Oberlinie. Friederike wechselt zwischen hingegebenem und langem Zügel. Unah folgt dem stets mit einer Vorwärts-Abwärts-Idee.

Wendungen über den äußeren Zügel

Das „Wenden über die äußeren Hilfen" **ist wichtig. Zügelhilfen mit der inneren Hand, vermehrtes Annehmen oder gar Zurückziehen würden das freie Vortreten des inneren Hinterbeins blockieren und damit unerwünscht das Tempo verringern. Während Sitz und Beine die Wendung begleiten, bestimmt die innere Hand ausschließlich die Biegung und bleibt leicht. Die äußere Hand führt und lenkt das Pferd auf die geplante Linie.**

DAS PFERD

Der beweglichste Teil der Wirbelsäule ist die Halswirbelsäule. Besonders der Übergang zwischen 7. Halswirbel und 1. Brustwirbel ist sehr mobil. Fixieren Sie diesen Bereich nicht über mehrere Minuten in derselben Kopf-Hals-Position, sondern erhalten Sie ihn beweglich. Wichtig ist die Kontrolle: Ihr Pferd darf vor den Schultern nicht seitlich abknicken. Von oben gesehen soll das Buggelenk nicht wie eine Ecke aussehen, denn dann läuft das Pferd über die Schulter.

Die weitere Wirbelsäule ist seitlich weniger beweglich. Sie rotiert während der Biegung, dies fühlt der Reiter, weil er etwas zur Seite rutscht, wenn er dem nicht entgegenwirkt.

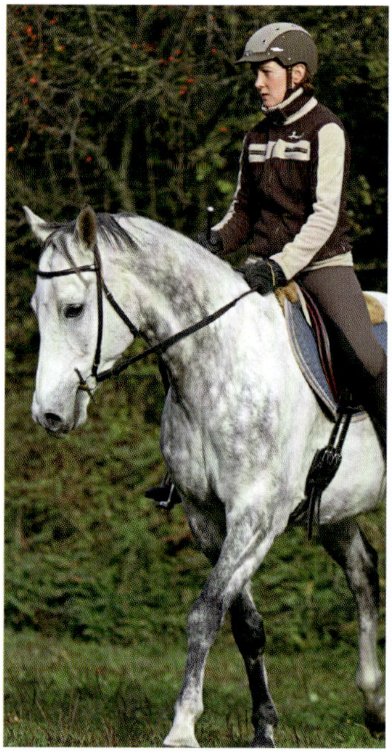

Susanne wendet über das Anlegen des äußeren Zügels ab. Sie hält die Hand nahe dem Widerrist, um die Schulter deutlich zu begrenzen.

DER REITER

Der Reiter sitzt und blickt leicht nach innen in die Bewegungsrichtung. Die Unterschenkel erhalten das Vorwärts.

Der Reiter begleitet das Abwenden des Pferdes mit dem Bild im Kopf, sich auf zwei Schienen zu bewegen: Seine äußeren Hilfen begrenzen die Außenseite, seine inneren Hilfen beeinflussen die Innenseite des Pferdes.

Durch das Anlegen des äußeren Zügels wird die Wirbelsäule im Übergang zwischen Hals und Brust am falschen Abknicken gehindert. Der innere Zügel wird vor dem Abwenden nachgefasst und ggf. etwas nach innen geöffnet. Das ist besonders bei jungen oder unbalancierten Pferden nötig.

Gabriele wendet Olly nach links. Ihr rechter Zügel liegt am Hals, ihre linke Hand ist leicht angehoben. Dies kennt Olly als Hilfe zur Biegung.

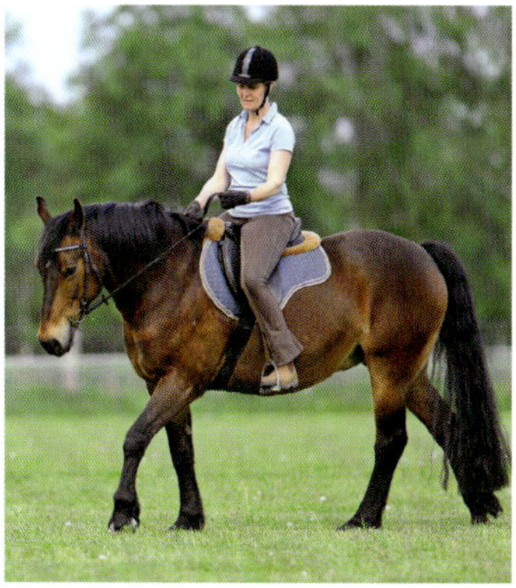

BITTE BEACHTEN

- Achten Sie darauf, dass sich bei seitwärts weisenden Bewegungen Ihrer Hände der Druck zum Pferdemaul nicht erhöht. Es ist eine reine Seitwärtsbewegung, die Hände halten das Maul leicht und mobil und ziehen sich auf keinen Fall fest.

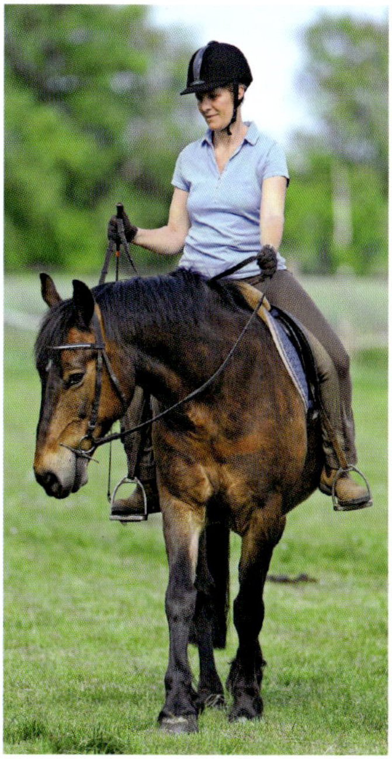

So nicht: Gabriele streckt ihren äußeren Arm nach vorn, der Zügel verliert so den Einfluss und seine Führung. Olly weicht durch die fehlende Begrenzung mit seiner linken Schulter aus und geht einfach geradeaus weiter.

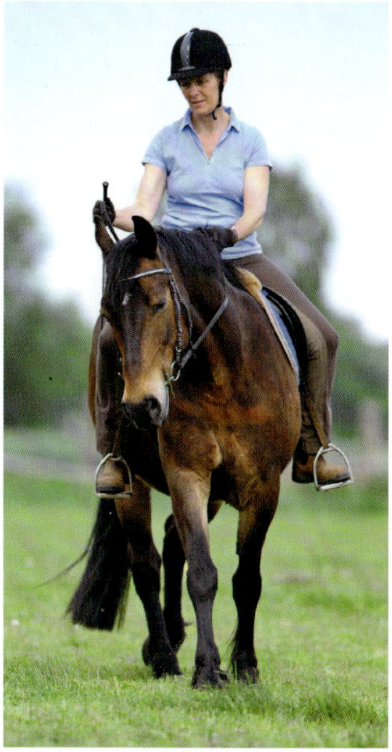

So nicht: Gabriele wendet mit zu langem Zügel ab, dadurch führt sie unerwünschterweise ihre Hand über den Widerrist hinweg, um den Kontakt zu erhalten. Auch so weicht das Pferd von der gedachten Linie ab.

TIPP

Die äußere Hand bleibt in ihrer Position am Widerrist, die Finger sind stets beweglich. Die Faust öffnet und schließt sich wie beim „Schwammausdrücken". Auf keinen Fall wird der äußere Arm nach vorn gestreckt, bei Bedarf wird der Zügel etwas verlängert, um die Biegung zuzulassen. Die Hände bleiben nebeneinander auf einer Ebene. Der innere Zügel wird verkürzt und bei Bedarf leicht angehoben, die Hand zieht nicht nach hinten oder in Richtung Bauch oder gar Oberschenkel.

Wenden am hingegebenen Zügel ●●●

Vielfältige Ideen und Übungen bereichern die Schrittphase, in der Sie Ihr Pferd vorbereiten und erwärmen. Hier geht es darum, Ihr Pferd in die Wendung zu führen, ohne auf das Maul Einfluss zu nehmen.

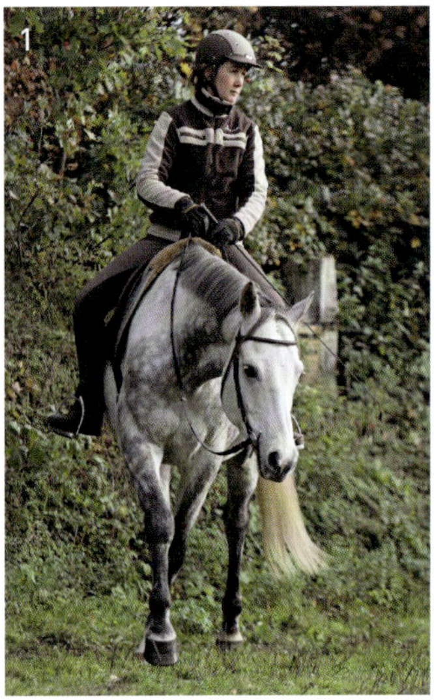

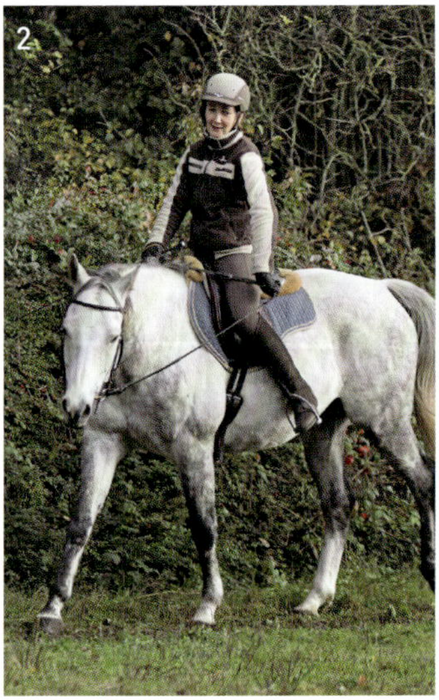

1 Susanne verlagert im Drehsitz ihr Gewicht nach innen. Ihre Hände und ihre Beine bleiben an ihrem Platz. Futuro folgt dem angelegten äußeren Zügel willig in die Wendung.

2 So nicht: Susanne zeigt einen weitverbreiteten Fehler: Um abzuwenden zieht sie am inneren Zügel, blockiert ihren Schultergürtel und ihre Hand, indem sie ihren Daumen nach unten dreht. Ihr inneres Bein rutscht weit zurück und Futuro drängt nach außen.

DAS PFERD

Der Bewegungsfluss soll sich nicht verändern, wenn Sie in die Wendung hineinreiten. Das Pferd soll bei gleichbleibendem Fleiß auf gebogenen Linien gehen. Besonders das innere Hinterbein fußt weit nach vorn unter den Schwerpunkt, die äußere Körperhälfte wird dabei gedehnt.

Bei unausbalancierten Pferden kann das Anlegen oder Antippen der Gerte an die äußere Schulter die Übung erleichtern. Wichtig ist es, Signal und Verstärker zu trennen. Das Anlegen des Zügels und das Anlegen der Gerte wechseln sich ab.

BITTE BEACHTEN

- Tragen Sie Ihre Hände stets aufrecht nebeneinander mit sanft geschlossenen Fingern, die beweglich sind.
- Der Daumen ist und bleibt stets der höchste Punkt der Reiterhand. Er liegt dachförmig auf dem Zeigefinger.

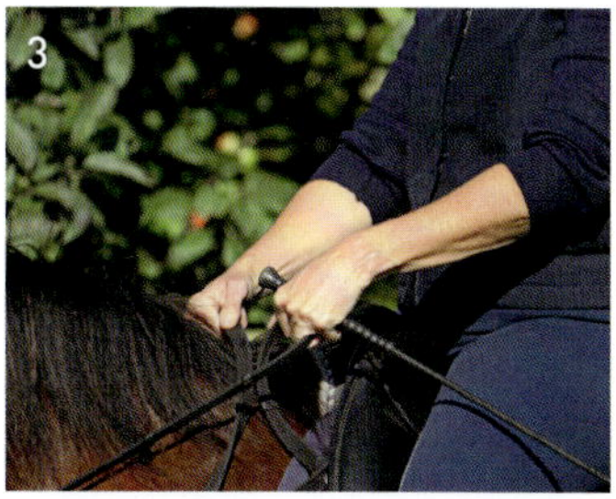

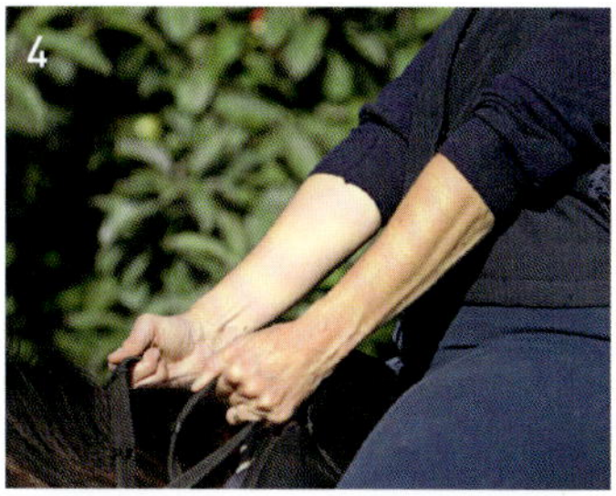

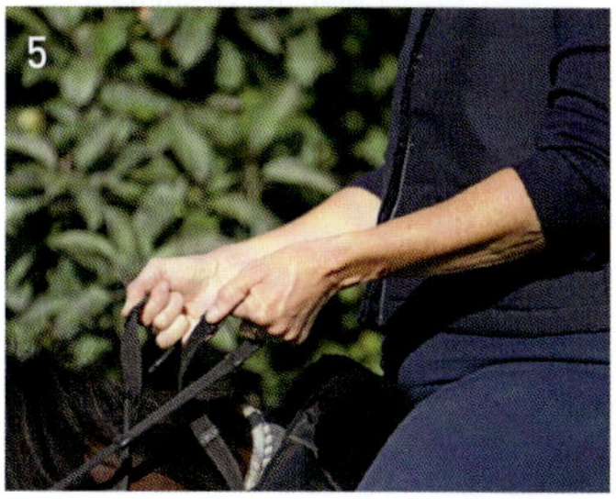

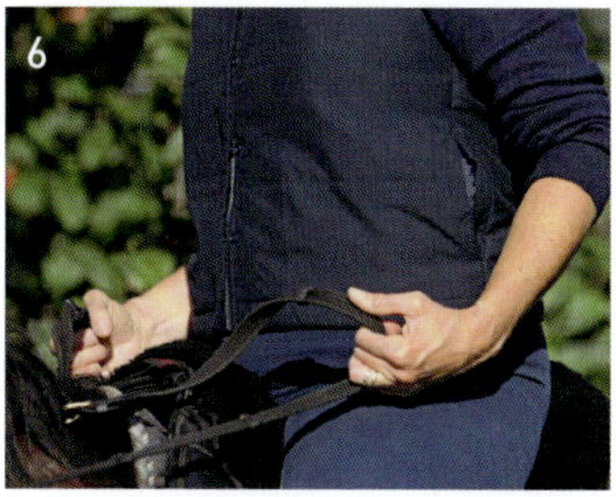

So nicht: Ihre Hände sollen weder verdeckt (3), heruntergedrückt (4), verkantet (5) noch zum Oberschenkel zurückgezogen werden (6). Karen war beim Betrachten der Fotos sehr erstaunt, so verkrampft wie ihre Hände und Arme aussehen, hatte es sich gar nicht angefühlt.

TIPP

Wechseln Sie häufig die Hand und seien Sie kreativ in der Linienführung.
Reiten Sie diese Übung auch mal mit zwei Gerten, um die Hände (besonders die innere) am Zurückziehen zu hindern und das jeweils innere Hinterbein zu aktivieren. Halten Sie die Gerten dabei mit aufrechter Faust.
Kombinieren Sie die einzelnen Übungen miteinander. Welche fördern die Geschmeidigkeit und Durchlässigkeit Ihres Pferdes?

DER REITER

Sie leiten die Wendung durch das Anlegen des äußeren Zügels an den Hals ein. Die sachte Gewichtsverlagerung nach innen mit leichter Drehung des Oberkörpers in die Bewegungsrichtung unterstützt die Wendung. Die Hände bleiben nebeneinander.
Bei ausbleibender Reaktion des Pferdes wird das Anlegen des Zügels wiederholt, anfangs kann der innere Zügel kurz angehoben mit eingesetzt werden, wobei die innere Hand neben der äußeren bleibt.
Der Beckengürtel ist entspannt, „der kleine Körper lässt sich vom großen Körper bewegen“. Das Vorwärts bleibt erhalten, notfalls unterstützt die Gerte innen hinter der Wade den Vorwärtsimpuls.

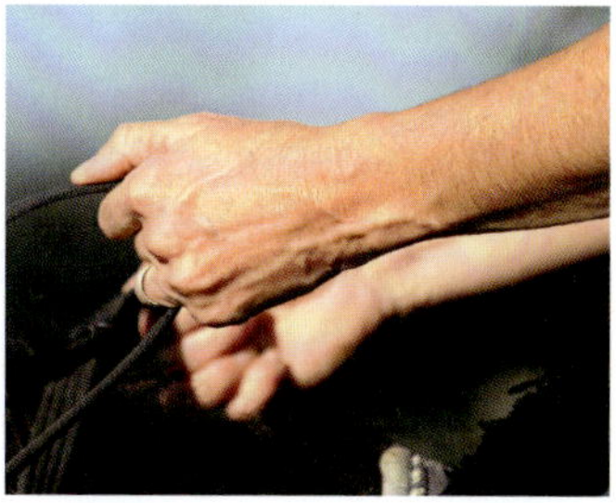

Die Hände werden aufrecht getragen, auf einer Ebene liegend und mit spannungsfrei geschlossenen Fingern.

Schulterkontrolle

Natürlicherweise belastet das Pferd eine Schulterseite vermehrt. Mit dieser Übung können Sie Ihr Pferd schulen, auf ein Signal hin die eine oder die andere Schulter mehr zu belasten. Diese Übung hilft beim Geraderichten des Pferdes und bei der Dehnung beider Körperhälften. Sie werden erstaunt sein, wie positiv sich diese Lektion auf die Anlehnung auswirkt.

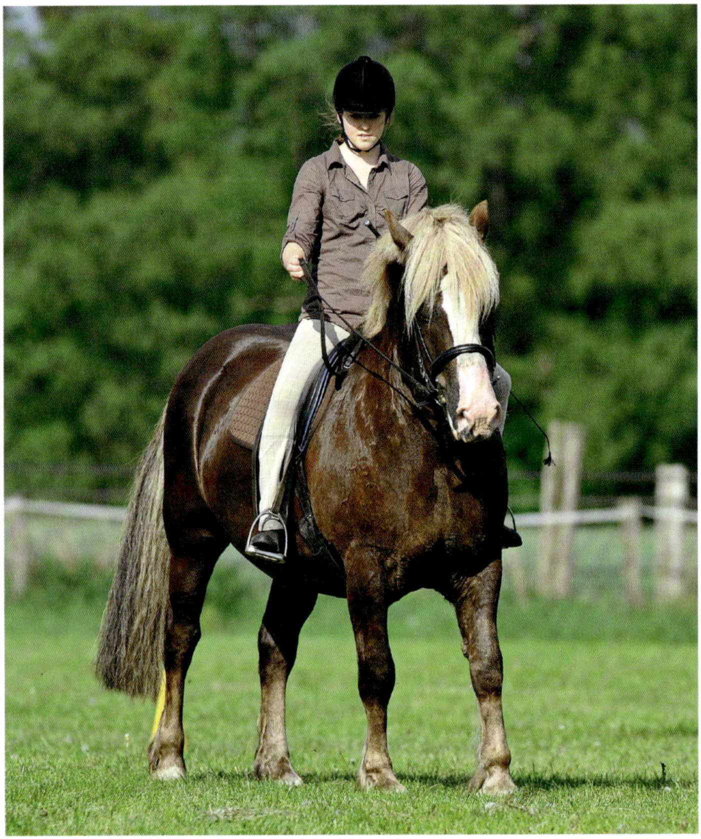

DAS PFERD

Bei dieser Lektion ist es sehr wichtig, dass Sie Ihr Pferd in sich gerade halten. Sie wenden sozusagen „einen Baumstamm". Später können Sie diese Übung auch in Links- oder Rechtsbiegung reiten. Stellen Sie sich einen Lastenkran vor, dessen Basis die Hinterbeine bilden und dessen Ausleger/Schwenkarm dem Pferdekörper entspricht.
Im Idealfall bleibt die Hinterhand auf einer Spur und die Vorhand schwankt ein wenig nach rechts und dann über die Mitte auch nach links.

Julia öffnet den rechten Zügel und gibt so dem Schultergürtel Raum nach rechts. Gewichtsverlagerung nach rechts, der linke Zügel liegt am Hals. Der linke Schenkel unterstützt die Verschiebung der Vorhand nach rechts.

DER REITER

Grundsätzlich sitzen Sie mittig und entspannt in Bewegungsrichtung „Geradeaus“. Die Schwenkbewegung der Vorhand initiieren Sie mit Ihrem Sitz. Sie wenden Ihren Oberkörper mit Ihren Armen, als wollten Sie ein Tablett zwischen der rechten und linken Seite hin und her bewegen.
Der äußere Zügel wird am Hals angelegt (Neck-Reining) und der innere Zügel geöffnet (Opening Rein).
Wichtig ist, dass der Zügeldruck auf das Pferdemaul nicht verstärkt wird, sondern beidseitig leicht bleibt. Es ist eine reine Seitwärtsbewegung der Hände. Der „äußere“ Schenkel kann am Gurt – auf keinen Fall zurückgelegt! – die Bewegung in die entgegengesetzte Richtung unterstützen.

TIPP

Lassen Sie dem Pferd Zeit. Wiederholen Sie die Übung geduldig, ohne den Druck mit den Schenkeln oder gar mit den Händen zu erhöhen. Menschen neigen dazu, etwas, das nicht klappt, mit mehr Kraft zu wiederholen. Das ergibt beim Reiten jedoch gar keinen Sinn.

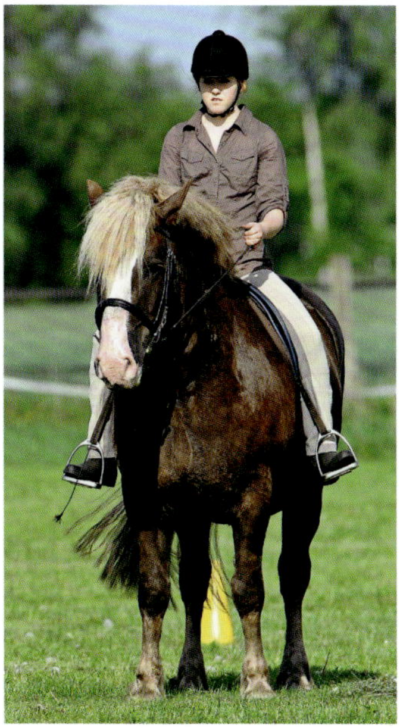

Nach einigen Wiederholungen belastet Felix beide Schultern und beide Hinterbeine gleichmäßig. Hier bereitet Julia das Verlagern des Schultergürtels nach links vor, indem sie den linken Zügel öffnet.

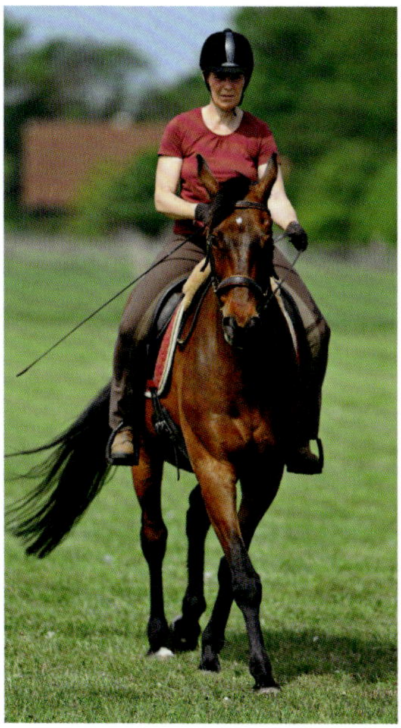

Gabriele lässt Lennox' Schulter nach links wenden, indem sie ihre Hände verschiebt. Seine Hinterhand bleibt auf einer Linie und seine Schulter schwenkt von einer Seite zur anderen.

BITTE BEACHTEN

- Achten Sie darauf, dass die Hinterhand auf einer Spur bzw. einer Linie bleibt und nicht in Schlangenlinien der Bewegung der Vorhand folgt.
- Wenn dies schwerfällt, reiten Sie diese Übung anfangs ganz langsam, Schritt für Schritt. Dabei wird Ihnen deutlich werden, dass jedem Pferd die Bewegung zu einer Seite viel leichter fällt und dass es auf der anderen Seite auszuweichen versucht. Bewegen Sie Ihre Hände wirklich nur seitlich und achten Sie darauf, dass durch diese Bewegung kein Druck im Maul entsteht.

Ein bewegliches Maul

Das Nachgeben im Unterkiefer, also ein mobiles Maul, ist sehr wichtig, wenn ein Pferd sich losgelassen bewegen soll. Als Mensch können Sie dies leicht nachvollziehen: Wenn Sie die Zähne aufeinanderbeißen und so ein wenig joggen, werden Sie bemerken, wie hölzern sich Ihre Bewegungen anfühlen.

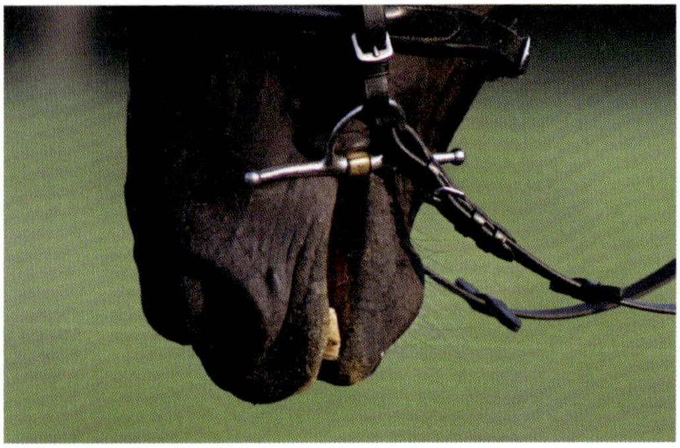

Es ist kein Kauen im Sinne von Malmen. Es ist eine spielerische Abkaubewegung, bei der das Pferd das Kiefergelenk öffnet und schließt. Die Zunge bewegt sich dabei meistens auf und ab. Empfehlenswert ist eine Schenkeltrense, die sich seitlich nicht verschieben kann.

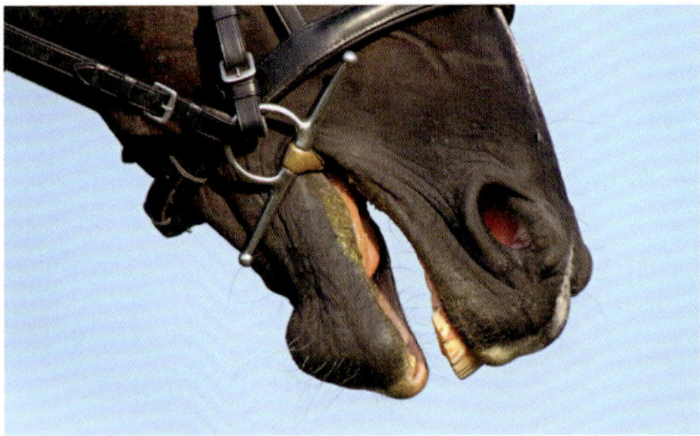

Manche Pferde öffnen das Maul so weit, dass die Vorderzähne sich etwa einen Zentimeter öffnen. Dies ist eine Bewegung, auf keinen Fall darf das Pferd mit offenem Maul verharren. Das wäre „Sperren".

DAS PFERD

Losgelassenheit und Leichtigkeit sind ohne Mobilität des Unterkiefers, der Zunge und des Genicks nicht denkbar. Ein entspannt mobiles Maul bildet die Grundlage. Dabei geht es nicht um die mahlende Bewegung, mit der ein Pferd seinen Hafer zerreibt, sondern um eine Bewegung, bei der es leicht seinen Unterkiefer öffnet und mit der Zunge mit dem Gebiss spielt.

DER REITER

Das Pferd kann lernen, auf eine Zügelhilfe hin mit dem Kauen zu beginnen. Dazu beginnen Sie im Stand. Richten Sie Ihr Pferd in der Kopf-Hals-Position etwas auf und halten Sie beide Zügel gleichmäßig im Kontakt zum Pferdemaul. Die Hände bewegen sich dabei etwas in die Höhe und in die Breite, auf diese Weise erhöht sich der sanfte Druck im Maulwinkel und nicht auf der empfindlichen Zunge oder Kinnlade. Erhöhen Sie den Druck nach und nach und geben Sie sofort nach, wenn das Pferd das Maul öffnet. Spüren Sie das Öffnen des Mauls und das Abkauen. Um gleichmäßig vorzugehen, soll Ihre rechte Hand fühlen, was die linke tut.
Bleibt das Maul mobil, senken Sie die Hände ab und begleiten mit Ihren Fingern diese Bewegungen. Das Abfragen des Abkauens sollte in jeder Kopf-Hals-Position möglich sein.

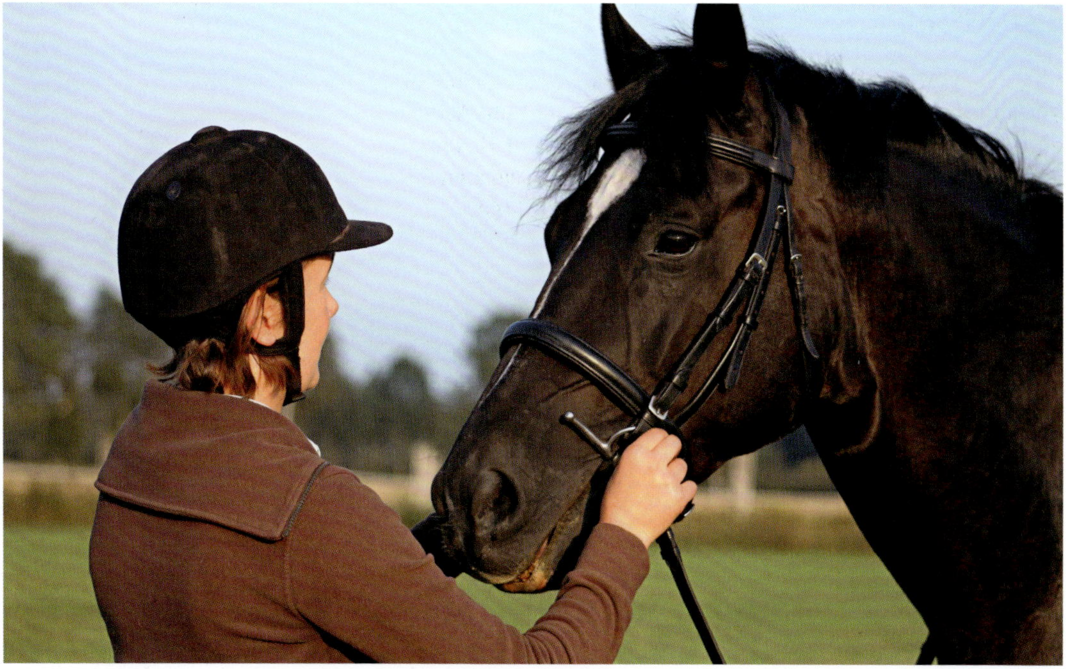

Susanne zeigt hier, wie sie das „mobile Maul" vom Boden aus vorbereitet.

TIPP

Es ist wichtig, dass das Pferd eine erhöhte Kopf-Hals-Position mit offenem Genick einnimmt. Beginnen Sie vom Boden aus. Stellen Sie sich vor das Pferd und bewegen Sie das Gebiss im Maul Richtung Maulwinkel. Zunächst leicht vibrierend als Demi-Arrêt, um den Kopf des Pferdes leicht anzuheben. Sollte das Pferd zurückweichen, lassen Sie es den Kopf ein wenig absenken. Dann bewegen Sie das Gebiss im Maul, aber nicht mehr den ganzen Kopf, bis das Pferd das Maul öffnet und zu kauen beginnt.

BITTE BEACHTEN

- Um ungehindert abkauen zu können, ist ein lose verschnallter Nasenriemen wichtig. Zwei Finger passen aufrecht zwischen Nasenrücken und Nasenriemen.
- Wenn Sie keine Schenkeltrense benutzen wollen, sollten Sie einen englischen Nasenriemen nutzen, denn Forschungen ergaben, dass bei kombiniertem Nasenriemen nur einer, nämlich der enger geschnallte Riemen, wirkt.

Aufwärts-Paraden

Hier möchte ich **eine der Funktionen des Demi-Arrêt besonders hervorheben: Wie kann ich verhindern, dass mein Pferd am Zügel zieht, sich auf die Hand legt oder aufstützt?**

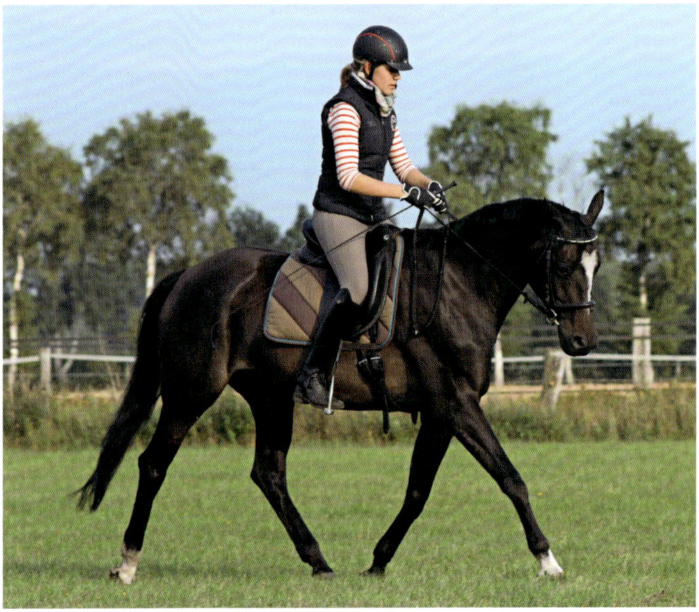

Antonia muss aufpassen, dass Pjana sich selbst trägt und sich nicht auf die Hand legt. Hier klappt's gut.

TIPP

Wenn sich Ihr Pferd, ob exterieurbedingt oder aufgrund von Ausbildungsproblemen, auf die Hand legt, verdeutlichen Sie ihm, dass es andere Muskeln nutzen soll, um sich selbst zu tragen.

DAS PFERD

Das Pferd soll seinen Kopf selbst tragen. Sie führen beim Reiten nur den Zügel, was laut Messungen einem Gewicht von ca. 400 g entspricht. Auf keinen Fall tragen Sie den Kopf Ihres Pferdes. Wenn Sie durch Ihre Zügel auf das Pferdemaul einwirken, dann nur, um das Maul zu mobilisieren oder um den Pferdekopf nach vorn, nach oben, unten, rechts oder links zu dirigieren.
Diese Verbindung fühlt sich leicht und spielerisch an. Ihre Hände spüren die Kaubewegungen des Pferdes – und das Pferd stützt sich nicht auf das Gebiss.

DER REITER

Wenn ein Pferd sich auf den Zügel legt, ist das überwiegend ein Zeichen von Balanceverlust. Das Pferd stützt sich auf den Zügel und „läuft seinem Schwerpunkt hinterher". Um dem entgegenzuwirken, ist es wichtig, den Pferdekopf etwas höher zu bringen. Dabei werden die Hände zunächst einige Zentimeter nach vorn geführt und dann locker aus dem Handgelenk nach oben. Dies sind kleine Bewegungen, die schnell, eher vibrierend oder zitternd, durchgeführt werden. Selbstverständlich wird diese Hilfe immer diskreter, je besser das Pferd sie verstehen gelernt hat. Reiten Sie das Pferd in einer natürlichen, freien Kopfhaltung frisch vorwärts. Das Genick des Pferdes ist dabei offen. Ihre Hände dürfen dabei keinesfalls rückwärts oder beizäumend wirken. Erst wenn diese Korrektur sicher in allen Gangarten funktioniert, beginnen Sie erneut mit der Beizäumung.

BITTE BEACHTEN

- Bedenken Sie: Wenn Sie Handschuhe brauchen, um sich vor Blasen zu schützen – was fühlt das Pferd dabei auf seiner Zunge und Kinnlade? Wenn Ihnen Ihre Finger schmerzen, tut es dem Pferd im Maul auch weh. Dem gilt es unbedingt entgegenzuwirken.
- Achten Sie auf eine leichte Verbindung während der Aufwärts-Parade. Das Pferd wird keinesfalls nach oben gezogen. Eher wird es durch ein „Vibrieren" am Aufstützen gehindert und muss so lernen, sich selbst zu tragen.
- Wenn Sie Ihr Pferd konsequent am Abstützen hindern, begreift es den Demi-Arrêt erstaunlich schnell.
- Doch denken Sie daran, der Prozess der Umstellung braucht Zeit. Aber der Preis ist zu hoch, wenn Ihnen die äußere Form, die Beizäumung, wichtiger ist als Balance und Leichtigkeit.

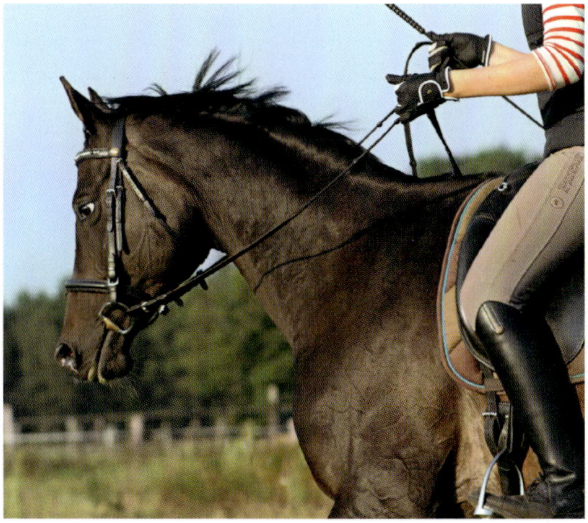

Deutlich zu sehen ist der leichte Kontakt während der Korrektur durch den Demi-Arrêt. Pjana hebt den Kopf, ihre Nase bleibt vorn. Danach senkt Antonia die Hände wieder ab.

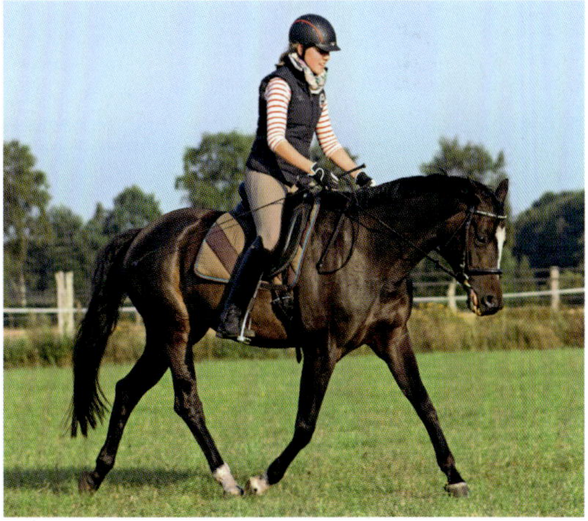

So nicht: Hier legt sich Pjana während des Leichttrabens auf den Zügel. Sie sehen Spannung zwischen Maul und Antonias Fingern.

Demi-Arrêt für Leichtheit

Reiter gebrauchen „Paraden", um Tempo und Rhythmus des Pferdes zu beeinflussen, Gangarten zu wechseln oder die Kopf-Hals-Position zu erhalten und zu verändern. Ich bevorzuge die Zügelhilfe, die bei den alten Reitmeistern „Demi-Arrêt" genannt wird, was wörtlich „halbes Anhalten" bedeutet.

Julias Hände vibrieren leicht nach vorn-oben, um Felix an Selbsthaltung zu erinnern. Die Hilfe darf keinesfalls ein Kräftemessen sein.

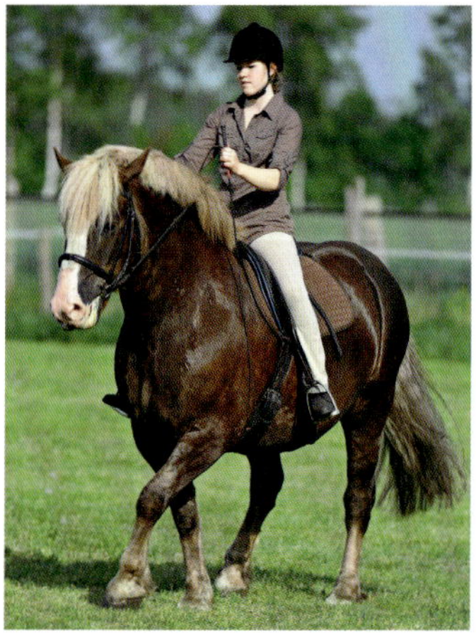

WISSENSWERTES

Der Demi-Arrêt hat verschiedene Funktionen:

- Mobilisieren des Pferdemauls,
- Erhalt von Leichtigkeit in der Anlehnung,
- Aufrichten des Halses,
- Öffnen des Genicks, z. B., wenn sich das Pferd hinter dem Zügel verkriecht,
- Verhindern, dass ein Pferd sich auf den Zügel stützt.

Im Zusammenspiel mit dem Sitz des Reiters:

- Einfangen des Tempos,
- Parieren des Pferdes – Gangartwechsel in eine niedrige Gangart,
- Anhalten.

DAS PFERD

Das Pferd soll dem vielfältigen Einfluss der sanften Reiterhand willig Folge leisten. Es soll vertrauensvoll abkauen und sich an den Zügel herandehnen, sich dabei aber nicht abstützen oder von sich aus das Genick beugen. Die Beweglichkeit im Kiefergelenk, das abkauende Maul, die Selbsthaltung und Leichtigkeit haben oberste Priorität.

Wenn Pferde sich verkriechen, hinter den Zügel ausweichen, müssen sie zunächst vom Boden aus in der Handarbeit lernen, das Genick zu öffnen, die Nase vor zu bringen und somit auch die Muskeln am unteren Hals zu dehnen.

TIPP

Die Hände werden stets aufrecht geführt und getragen, der Daumen als Dach ist auf den Zeigefinger gelegt und hält dort den Zügel fest. Die Ellbogen sind beweglich und angewinkelt nah am Oberkörper.

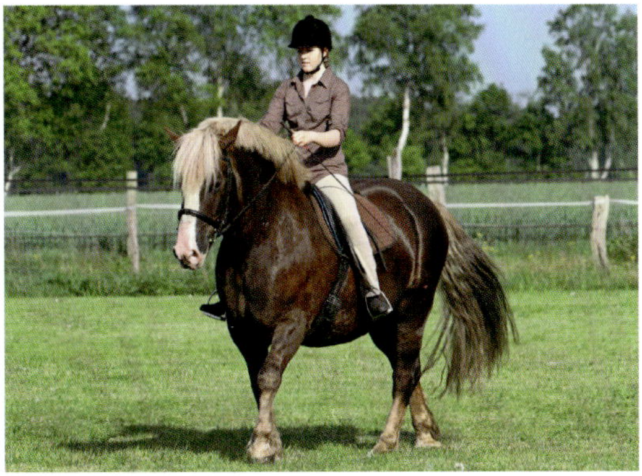

Schwarzwälder Fuchs Felix mit seinem schweren Hals muss seiner Statur entsprechend den Kopf zeitweilig etwas höher und das Genick offener tragen.

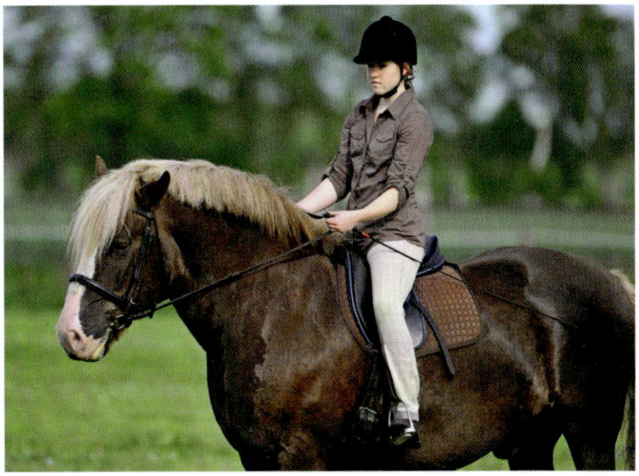

Das Absenken der Hände, das Aussetzen der Zügelhilfen, gehört zum Demi-Arrêt dazu. Es gibt kein Annehmen ohne anschließendes Nachgeben.

DER REITER

Der Reiter nutzt neben Sitz und Schenkeln seine Hände. Nach dem Grundsatz von François Baucher trenne ich die Hilfen: „Hand ohne Bein, Bein ohne Hand". Damit werden die Signale der Hände und Schenkel isoliert und sind in ihrer Bedeutung für das Pferd eindeutig.
Der Schenkel wird nur zum Vorwärts oder Seitwärts genutzt. Der Sitz unterstützt die Hilfen und beeinflusst das Gleichgewicht des Pferdes. Der Reiter sitzt in seiner eigenen Balance mit lockeren Beinen.
Die Einwirkungen der Hände sind vielfältig. Sie können diskret durch Bewegungen der Finger nur das Gebiss im Maul bewegen und das Pferd zum Abkauen animieren. Sie beeinflussen mit lockerem Handgelenk und veränderten Positionen des Unterarmes aber auch die Kopf-Hals-Position des Pferdes, sowohl in der Höhe als auch in der Biegung und in der Qualität der Anlehnung.
Die Hände bewegen sich in mindestens schulterbreiter Führung vor dem Oberkörper nach vorn-oben und werden niemals in Richtung Bauch gezogen. Um den Kontakt leicht zu erhalten, müssen Sie Ihre Finger und Ihre Hände ein wenig vor und dann leicht vibrierend nach oben bewegen, wobei die Finger nach innen oder leicht nach oben zeigen. Sobald das Pferd wie gewünscht reagiert, senken Sie die Hände wieder ab.
Das Ziel ist, dass im Laufe der Ausbildung die Zügelhilfen immer diskreter, in Perfektion nahezu unsichtbar werden.

BITTE BEACHTEN

- Beim Demi-Arrêt müssen die Hände immer erst ein wenig vor und dann nach oben geführt werden.
- Es gibt kein Anheben ohne anschließendes Absenken der Hände, kein „Demi-Arrêt" ohne „Descente de mains".

Über den Rücken gehen oder „Reiten mit dickem Hals“

Ich möchte hier keine Übung an sich, sondern den Hintergrund einer wichtigen Grundlage erklären. Viele Reiter sprechen davon, dass ein Pferd „über den Rücken“ gehen muss. Doch wie können Sie erfühlen und erkennen, ob Ihr Pferd den Rücken optimal nutzt? Die Art, wie Ihr Pferd seinen Hals, besonders im Übergang zur Brustwirbelsäule benutzt, liefert Ihnen die Antwort.

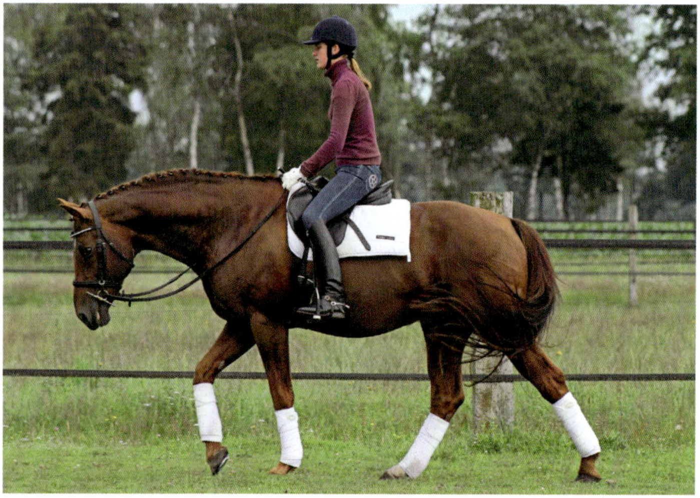

Besonders in dem Moment, in dem die Nickbewegung nach unten beginnt und das Pferd auf einer Diagonalen fußt, sollte der Reiter die obere Halsmuskulatur arbeiten sehen.

DAS PFERD

Der Antrieb eines Pferdes ist die Hinterhand. Da ein Pferd auf vier Beinen geht, kann es den Antrieb der Hinterhand nutzen, um den Körper vorwärtszuschieben. Es kann aber auch Kopf, Hals und Vorhand nach vorn bringen und „die Hinterhand mitziehen“. Eine qualitätsvolle Bewegung entsteht aus der Schubkraft der Hinterhand. Das Augenmerk liegt auf der Aktivität der Hinterhand und dem schwingenden Rücken, der die Kraft nach vorn bringt. Dazu muss der Reiter die gesamte Wirbelsäule des Pferdes vielseitig bewegen.

„Über den Rücken“ meint also, dass der Vorwärtsimpuls der Hinterhand über die Wirbelsäule, über den Rücken durch den Körper nach vorn fließen kann. Der Rücken bekommt damit die Aufgabe der Bewegungsübertragung.

DER REITER

Schulen Sie Ihren Sitz und trainieren Sie die Beweglichkeit Ihres Beckengürtels, um mitschwingen zu können. Überprüfen Sie regelmäßig die Sattelpassform. Der Sattel darf nicht schwappen oder die Beweglichkeit der Schultern einengen.

Beachten Sie die Halsmuskulatur Ihres Pferdes während der Bewegung. Sie müssen große Muskeln im Hals arbeiten sehen. Reiten Sie „mit dickem Hals": Bewegen Sie Ihr Pferd im Ganzen. Variieren Sie dazu die Kopf-Hals-Positionen und den Winkel der Genickbeugung und die Biegung. Nutzen Sie alle Möglichkeiten, um die Mobilität Ihres Pferdes zu schulen. So trainieren Sie viele Muskeln an Hals, Rücken und Hinterhand, damit diese losgelassen und frei beweglich arbeiten können.

BITTE BEACHTEN

- Spielen Sie mit dem Tempo im Schritt: Reiten Sie wie in Zeitlupe Schritt für Schritt im Wechsel mit zügigem Vorwärts. Ihr Pferd soll dabei nicht anzackeln oder unrhythmisch werden. Schicken Sie Ihr Pferd für kurze Reprisen deutlich vorwärts.
- Wiederholen Sie diesen Test auch am Ende der Reiteinheit.
- Verlassen Sie vorgeschriebene Linien, reiten Sie Zirkel und Volten in verschiedenen Größen oder auch nur halbe oder Viertelzirkel und -volten.
- Denken Sie an häufige Hand- und Biegungswechsel.
- Lassen Sie Ihrer Fantasie freien Lauf und reiten Sie Kringel aller Art, frei nach François Baucher: „Tummeln Sie sich."

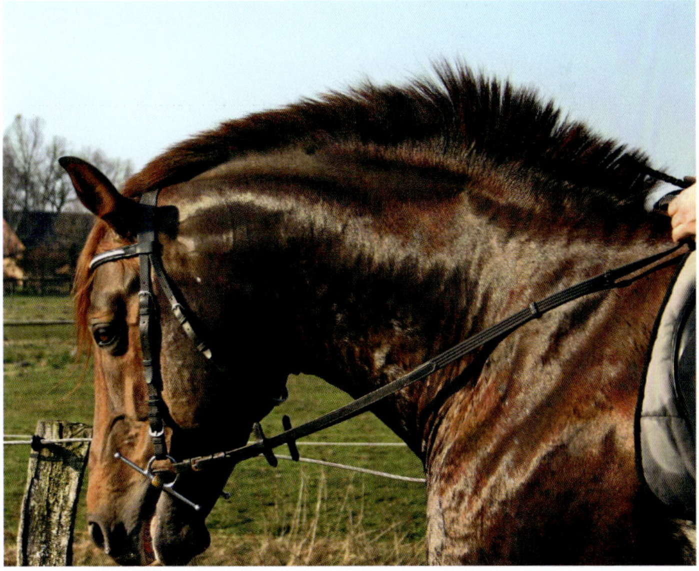

Rosarion am langen Zügel, frei kauend und leicht gedehnt. Deutlich sind die Halsmuskeln *(Musculus splenius und M. rhomboideus)* zu erkennen, die in Muskelketten mit der Rückenmuskulatur verbunden sind. Diese Muskelschlaufe nutzt das gut bemuskelte Pferd, um den Reiter tragen zu können.

Reiten mit verschiedenen Kopfhaltungen

Pferde, die hinter dem Zügel gehen oder auf den Zügel drücken, benötigen in der Ausbildung immer wieder auch Bewegung mit freier Kopf-Hals-Position. Besonders Pferde mit kurzen, schweren Hälsen brauchen Zeit, um Muskulatur aufzubauen. In ihrer Balance müssen diese Pferde lernen, nicht auf der Vorhand zu laufen und sich aufzustützen.

DAS PFERD

Das Pferd soll seinen Kopf selbst tragen. Es soll sich in seinem eigenen (horizontalen) Gleichgewicht bewegen, egal ob in Dehnung, Beizäumung oder später in Aufrichtung. Beeinflussen Sie als Erstes die Höhe des Halses und die Biegung, bevor Sie Ihr Pferd beizäumen. Bei Pferden mit kurzem Hals kann dieser Prozess länger dauern, besonders in der Phase der Grundausbildung.

DER REITER

Sie sitzen locker mittig auf dem Pferd und reiten vorwärts. Jegliche Handeinwirkung ist lebendig, leicht und niemals rückwärts gerichtet. Wenn bei korrekter Zügellänge durch Bewegung der Finger der gewünschte Erfolg ausbleibt, werden Demi-Arrêts stets nach vorn-oben gegeben. Schulen Sie Ihr Pferd erst in der Leichtigkeit und Selbsthaltung, bevor Sie sein Genick beugen.

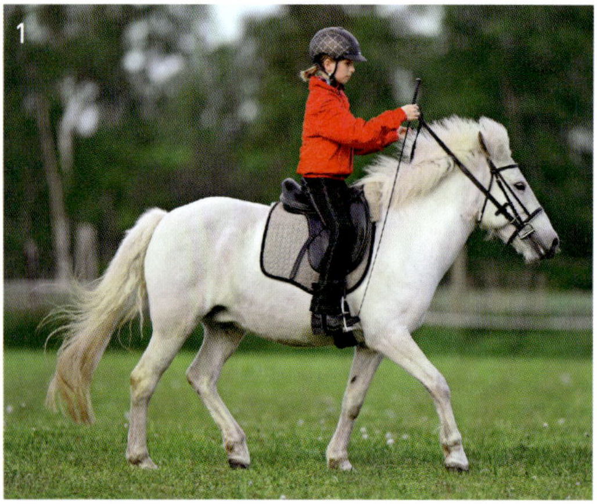

Bei manchen Pferden kann die Zügelhilfe vibrierend, leicht zitternd eingesetzt werden. Johanna hebt ihre Hände, um Leichtigkeit wiederherzustellen, und senkt die Hände danach wieder ab.

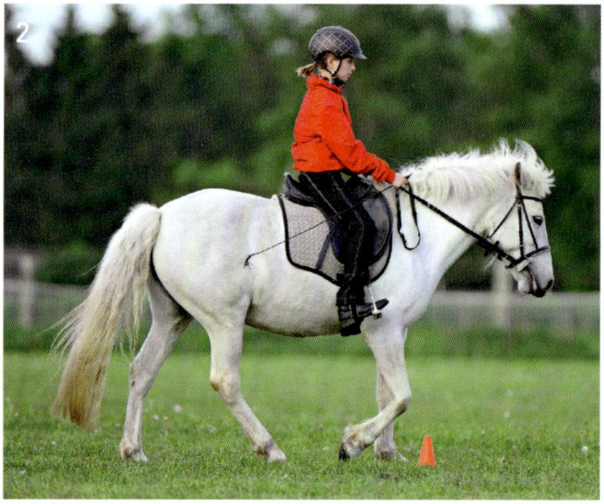

Johanna trägt ihre Hände der Kopf-Hals-Position und der gewünschten Anlehnung entsprechend. Hier sind die Hände abgesenkt und folgen dem Pferdemaul im Schritt.

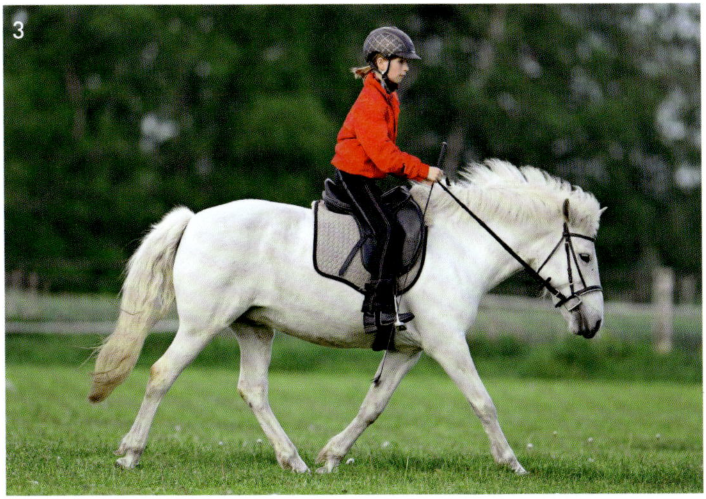

Wenn Fee leicht in der Hand bleibt, kann Johanna sie in die Dehnung schicken, ohne dass die Stute eilig wird. Über die freie Kopfhaltung zuvor bleibt sie nun in ihrem Gleichgewicht.

TIPP

Weit verbreitet ist die Angst, dass das Reiten in freier Kopf-Hals-Position mit einem weggedrückten Rücken einhergeht und somit schädlich ist. Das passiert nur, wenn dabei das Pferd seinen Kopf in die Waagerechte zieht. Reiten Sie in freier Kopf-Hals-Position (2) mit gleichem Genickwinkel wie in der Dehnung (3), dann bleibt der Rücken aktiv.

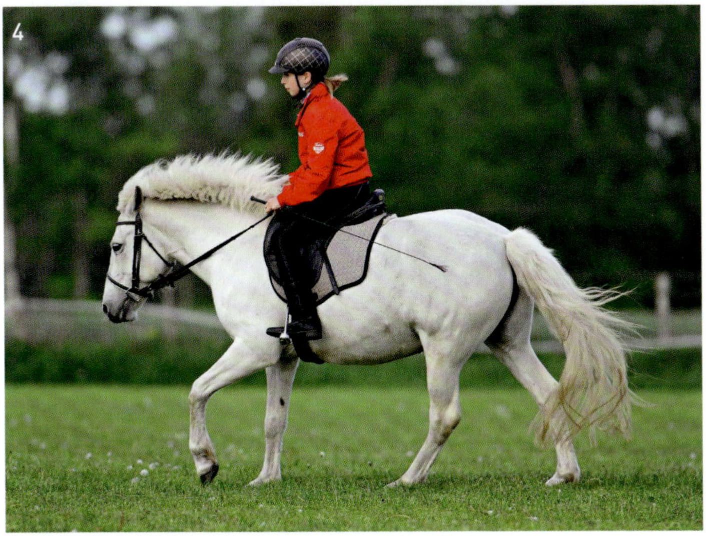

Johanna reitet Fee in allen Gangarten, ohne Druck im Pferdemaul auszuüben. Hier im Galopp muss sie noch lernen, sich aufzurichten und vermehrt sitzen zu bleiben. Dazu muss sie beweglicher im Becken werden.

BITTE BEACHTEN

- Die Hände werden frei getragen und folgen dem Pferdemaul und beeinflussen es, ohne den Druck auf Zunge und Unterkiefer zu erhöhen.
- Die Hände dürfen auf keinen Fall heruntergedrückt oder zurückgezogen werden.
- Ihr Pferd muss nicht von Beginn an die gesamte Reitstunde „am Zügel“ gehen, daraus entstehen meist Schwierigkeiten in der Anlehnung. Gymnastizieren Sie Ihr Pferd vielschichtig, dann bekommen Sie die Beizäumung „als Geschenk“ dazu.

Verkürzter Schritt

Das Reiten im verkürzten Schritt hat vielfache Vorzüge: Es hilft dem Reiter, sein Pferd zu versammeln, weil er Takt und Rhythmus sichert und sehr bewusst an der Durchlässigkeit arbeitet. Das Pferd sollte sich dabei beizäumen und die Schritte verkürzen, indem es die Hinterhufe vermehrt anhebt. Die Aktivität der Hinterhand wird verstärkt.

DAS PFERD

Unabhängig davon, ob Sie den Schritt vorwärts reiten, verstärken oder verkürzen, das Pferd wird sich in einem klaren Viertakt bewegen und mit zunehmender Verkürzung versammeln. Der Vorwärtsschub wird in vermehrte Tragkraft verwandelt, ohne dass das Pferd dabei den Vorwärtsimpuls verliert. Das Pferd geht zwar weiterhin vorwärts, aber es macht kleinere Schritte und erscheint dadurch langsamer. Gleichzeitig, mit der veränderten Bewegung der Hinterhand, richtet das Pferd sich im Brustkorb und in der Kopf-Hals-Position vermehrt auf. Es wirkt dadurch größer und bewegt sich erhabener. Lassen Sie dem Pferd Zeit. Anfangs wird es das Genick nur anheben können, während dieses offen bleibt. Erst mit zunehmender Dehnfähigkeit wird es sich aufrichten und dabei das Genick beugen.

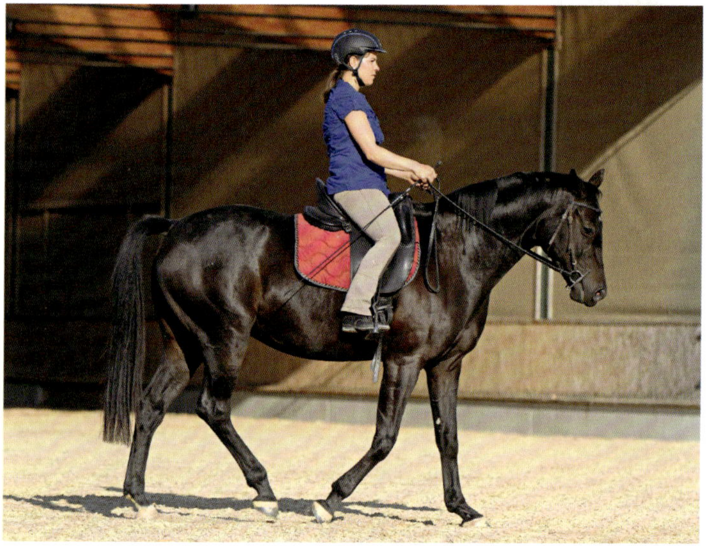

Reduzieren Sie das Tempo nach und nach und richten Sie das Pferd dabei sanft auf.

TIPP

Wenn Sie sich nicht trauen, versammelten Schritt zu reiten, dann reiten Sie verkürzten Schritt. Sie werden am Ende feststellen, dass sich Ihr Pferd versammelt. So wird der verkürzte Schritt zur versammelnden Übung und gleichzeitig zur Grundlage für bewusst gerittene Seitengänge.

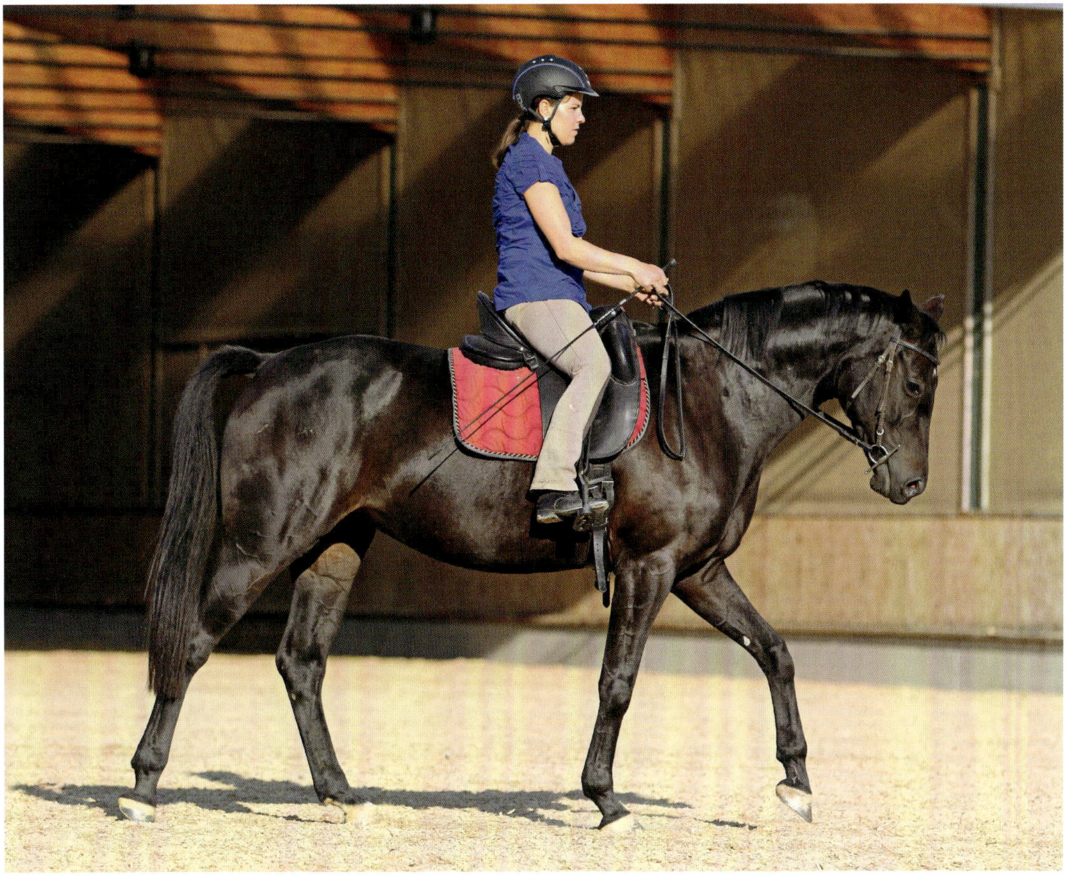

Behalten Sie Ihre Position bei und entlassen Sie das Pferd zwischendurch immer mal wieder in die Dehnung.

DER REITER

Der Reiter sitzt mit entspannten Beinen mittig und aufrecht. Die Schenkel erhalten bei Bedarf das Vorwärts und die Hände folgen dem Pferdemaul. Auf keinen Fall wirken die Hände rückwärts, denn das Pferd soll nicht gebremst werden, sondern im Bewegungsfluss bleiben. Mit kleinen Demi-Arrêts oder nachgebenden Zügelhilfen wird das Pferd unterstützt, seine Kopf-Hals-Position widerstandslos zu verändern. Sollte das Pferd von sich aus wieder im Tempo zulegen, kann der Reiter durch Ausatmen oder Einziehen des Bauchnabels die Schritte erneut verkürzen. Wichtig ist, dass das Becken nicht schiebt, sondern losgelassen den Rechts-Links-Bewegungen des Pferdekörpers folgt.

Das perfekte Antraben

Als Reiter wünschen wir uns, **dass die Pferde mit energisch vorfußender Hinterhand prompt und vom Fleck weg antraben. Die Kraft der Beschleunigung soll dabei durch den ganzen Pferdekörper gehen und das Pferd die gewünschte Kopf-Hals-Position beibehalten.**

DAS PFERD

Das Pferd soll aus einem fleißigen Schritt oder aus einem geschlossenen Stehen heraus auf die treibenden Hilfen des Reiters unmittelbar und widerstandslos reagieren. Bei zunehmender Ausbildung ist es sinnvoll, zwei Schwerpunkte zu fokussieren. Zunächst liegt der Fokus auf dem reinen Vorwärtsschub, bei dem der erste Schritt des Pferdes ein Trabtritt sein soll. Danach gilt es, bei gleichem Vorwärtsimpuls die Beizäumung zu erhalten. Während das Pferd in der freien Natur beim Antraben seine Nase nach vorwärts bewegt, soll es nun unter dem Reiter seinen gesamten Rumpf vorwärts bewegen, während das Genick beigezäumt bzw. gerundet bleibt.

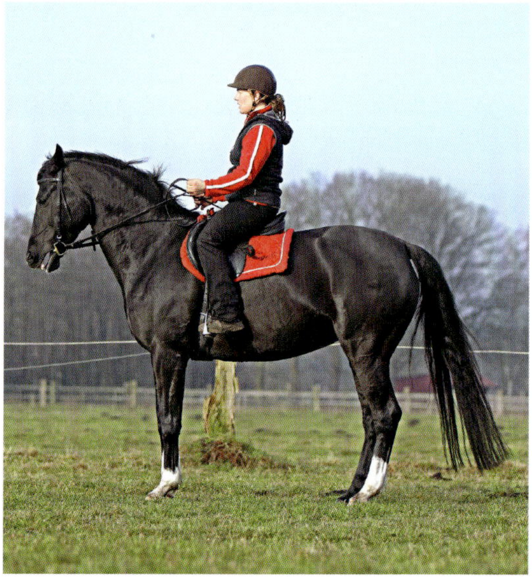

Unah ist aufmerksam und kaut mit beweglichem Unterkiefer.

DER REITER

Der Reiter sitzt mit entspannter Gesäßmuskulatur mittig zu Pferde. Das Treiben erfolgt auf der hinteren Beinmuskulatur. Achten Sie darauf, dass Sie weder Knie noch Absatz anheben oder hochziehen, während Sie Ihr Pferd antreiben. Denn dabei blockieren Sie Ihre Hüften und Ihre Hilfengebung wird widersprüchlich. Treiben Sie impulsartig. Es gilt nicht, so lange zu drücken oder mit den Sporen zu pieken, bis das Pferd sich in Bewegung setzt. Ihre Schultern bleiben hinten, während Sie antraben. Ihre Hände sind frei getragen und Ihr Ring- und Mittelfinger bewegt sich nach vorn, ohne den Kontakt und die Signalgebung zu verlieren.
In Bezug auf die Beizäumung gibt die Länge des äußeren Zügels die Position des Mauls vor, bezogen auf die Reiterhand. Ein gleichzeitiges Anheben der inneren Hand lässt das Pferd sein Genick beugen, sodass der Reiter das Gefühl bekommt, dass sich beim Antraben der Widerrist nach oben-vorn bewegt.

BITTE BEACHTEN

- Ihr Pferd soll Ihnen beim Antraben das Gefühl vermitteln, dass die Hinterhand das Pferd vorwärts schiebt. Und nicht, dass die Vorhand losläuft und das Pferd mitzieht.
- Präzisieren Sie Ihre Hilfen und sorgen Sie für die impulsive Reaktion Ihres Pferdes auf die treibenden Hilfen. Gegebenenfalls unterstützen Sie Ihre treibenden Hilfen durch den gezielten Einsatz der Gerte.

TIPP

Dosieren Sie die Hilfen zur Beizäumung Ihres Pferdes so gefühlvoll, damit Ihre Hände das Pferd auf keinen Fall daran hindern, mit voller Schubkraft vorwärtszutreten.

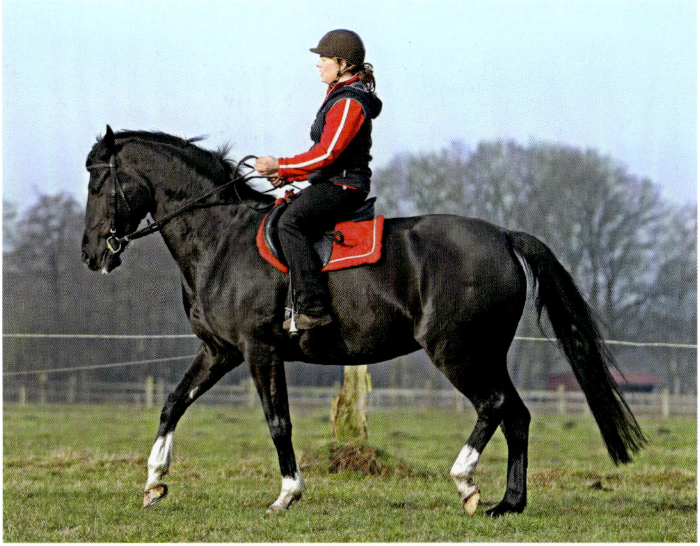

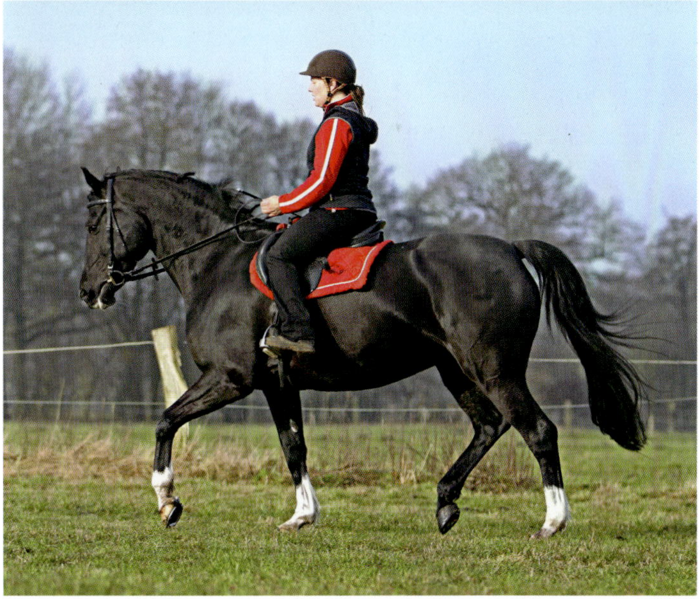

Im ersten Trabtritt schiebt Unah sich kraftvoll nach vorn. Sie beginnt meist mit derselben Diagonalen, da ein Hinterbein über mehr Schubkraft verfügt.

Schritt – Trab – Schritt – Übergänge

Schritt-Trab-Übergänge sind sehr wirkungsvoll. **In kurzen Reprisen geritten fördern sie die Aktivität der Hinterhand. Sie verbessern damit die Anlehnung und erhalten die Gelegenheit, Ihren Sitz und Ihre Einwirkung zu überprüfen. Nach und nach können Sie die Schrittphase immer kürzer gestalten, um diese Effekte noch zu verstärken.**

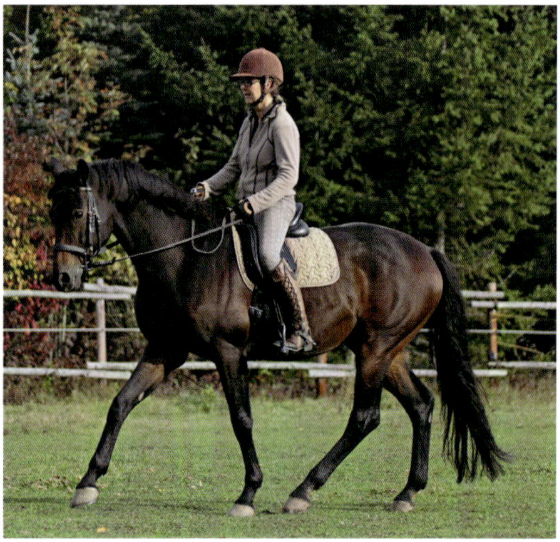

Der Moment des Parierens: Wolkentänzer bremst, senkt dabei seinem Ausbildungsstand entsprechend die Hinterhand und wechselt zum Schritt.

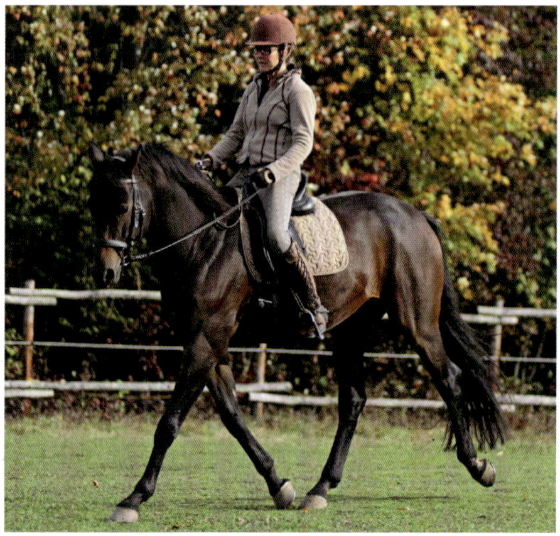

Katja mit Wolkentänzer im fleißigen Trab. Die Anlehnung zum Pferdemaul bleibt dabei leicht. Katja sollte ihre linke Körperhälfte entspannter behalten.

DAS PFERD

Das Pferd bleibt mit aktiver Hinterhand, beweglichem Rücken und mobilem Maul beigezäumt in leichter Anlehnung, während es die Gangarten wechselt. Es zeigt in beiden Gangarten taktklare, rhythmische Bewegungen und behält die gewünschte Kopf-Hals-Position bei.
Falls das Pferd im Übergang zum Schritt stockt, kann die Schritt-Reprise auf einen Schritt verkürzt werden, um die Impulsion zu fördern.

DER REITER

Grundlegend wichtig ist, dass Sie Ihre Sitzposition beibehalten. Beim Antraben denken Sie an die Beckenstellung, die Sie nutzen würden, um einen Gymnastikball unter Ihrem Gesäß nach vorn-oben zu bewegen. Keinesfalls ruckeln Sie oder nehmen die Bewegung vorweg. Das Pferd bewegt Sie. Sie entspannen dazu Ihr Becken so, dass das Pferd sich frei unter Ihnen bewegen kann. Es nimmt Sie in seine Bewegungen mit hinein.

Beim Durchparieren ist es ähnlich. Während das Pferd zum Schritt wechselt, belasten Sie beide Gesäßhälften, öffnen minimal die Knie und lassen die Beine lang.
Denken Sie beim Parieren an das Nachfassen der Zügel und bewegen Sie Ihre Finger. Bei Bedarf heben Sie die Hände leicht an. Sobald sich das Pferd im Schritt befindet, werden Sie leicht in der Anlehnung und begleiten die Nickbewegung des Schritts.

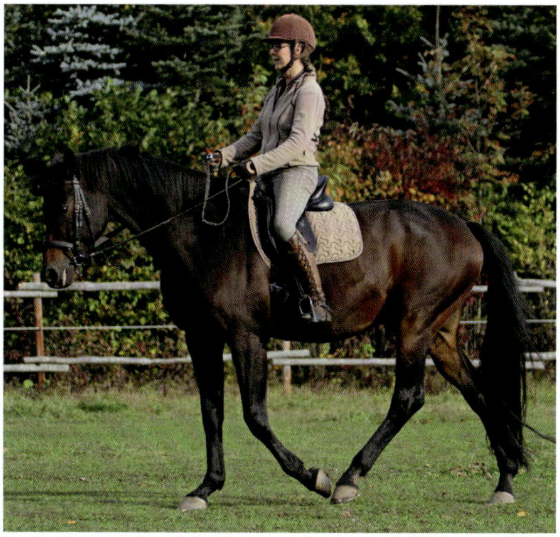

Die letzte Phase im Schritt: Über die diagonale Schrittphase wird Wolkentänzer antraben. Katja könnte ihn an mehr Aktivität und Mobilität im Maul erinnern.

TIPP

Um die Anlehnung und Rückentätigkeit Ihres Pferdes zu verbessern, lassen Sie es in leicht gedehnter Position antraben. Damit können Sie trainieren, dass das Pferd den Übergang Halswirbelsäule-Brustwirbelsäule mobil hält und den Widerrist öffnet, während es antrabt. Achten Sie dabei auf ein leicht gerundetes Genick.
Parieren Sie Ihr Pferd in freierer Kopfhaltung zum Schritt durch, bis es in leichter Anlehnung bleibt, erst dann reiten Sie die Parade in Beizäumung.

BITTE BEACHTEN

- Achten Sie auf fließende Übergänge zwischen dem Trab und dem Schritt. Das Pferd soll nicht stocken, wenn es in den Schritt wechselt.
- Es soll aber auch nicht im Schritt schneller werden, bevor es antrabt.
- Achten Sie darauf, dass das Pferd im Gangartenwechsel Takt und Rhythmus beibehält.

Trab – Trab – Übergänge

Erneut steht die Abwechslung an erster Stelle: **Tempounterschiede innerhalb einer Gangart fördern die Durchlässigkeit und Schubkraft eines Pferdes. Sie können Tritte verlängern und Tritte verkürzen mit dem Leichttraben kombinieren, aber auch mit dem Wechsel zwischen Innen- und Außenbiegung. Wichtig sind dabei kurzweilige Wechsel mit vielen Variationen.**

DAS PFERD

Das Pferd soll die Hinterhand aktivieren und seinen Vorwärtsschub über den Rücken auf die Vorhand übertragen. Reiter benutzen dafür die Redewendung „Das Pferd soll geschlossen bleiben". Gemeint ist damit, dass beim Verlängern der Tritte sich zwar der Bewegungsrahmen des Pferdes erweitern, das Pferd aber nicht „auseinanderfallen" soll. Mithilfe dieser Übergänge arbeiten Sie daran, dass Ihr Pferd sein Genick und den Übergang zwischen Hals- und Brustwirbelsäule nach oben beweglich hält. Dies wird unterstützt durch eine mobile Kruppenmuskulatur, die dabei die Verlängerung der Tritte und das Zurücknehmen ermöglicht. Ein Schneller- und Langsamerwerden mit gleich langen Tritten ist damit nicht gemeint.

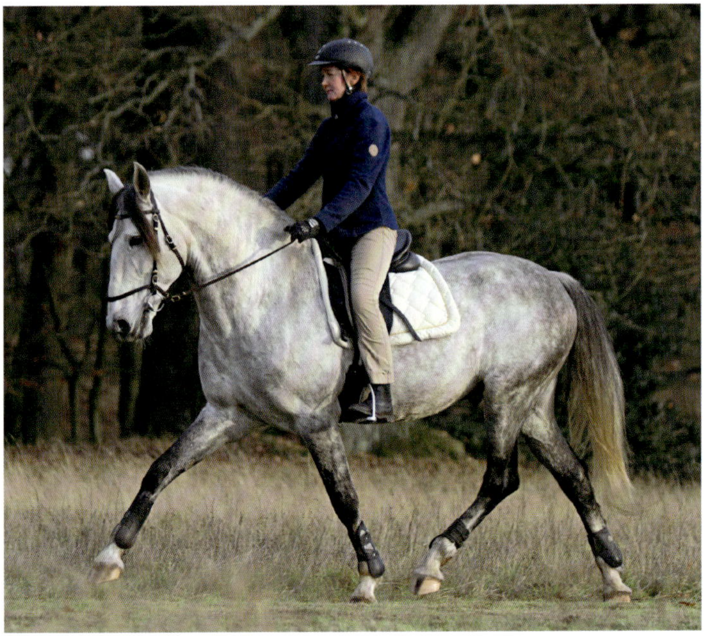

Tritte verlängern: Susanne schickt Tenor schwungvoll im Trab ins „Tritte verlängern". Sie trabt leicht und hält leichten Kontakt zum Pferdemaul. Der Lusitano dehnt sich mit aktiver Hinterhand an die Hand heran und erweitert seinen Bewegungsrahmen.

DER REITER

Erhalten Sie auch während der Tempowechsel das Vorwärts. Reiten Sie mehrere Übergänge in kurzen Reprisen. Dabei behalten Sie ein klares Bild davon im Kopf, wo Sie in welchen Tempi und an welchen Punkten Sie die Übergänge reiten wollen.
Belasten Sie beide Gesäßhälften gleichmäßig. Lassen Sie Ihre Muskulatur im Becken locker mit den Bewegungen des Pferdes mitschwingen. Falls Ihr Pferd anstrengend zu sitzen ist, kombinieren Sie das Einfangen mit Aussitzen und das Zulegen mit Leichttraben.
Treiben Sie gleichmäßig. Sie wünschen im Übergang beim Tritte verlängern eine PROMPTE Reaktion des Pferdes. Verstärken Sie die Hilfen bei Bedarf mit der Gerte. Es soll sich anfühlen, als hätten Sie einen Turbo dazugeschaltet (Übung 6). Reiten Sie das Verkürzen des Tempos vorwiegend über den Sitz, unterstützt durch bewegliche Finger an beiden Zügeln.

BITTE BEACHTEN

- Halten Sie gleichmäßigen Kontakt zum Pferdemaul. Natürlich werden Sie beim Zulegen leicht in der Hand, aber Sie lassen nicht die Zügel durchhängen.
- Beim Parieren achten Sie auf die Durchlässigkeit Ihres Pferdes. Wenn es gegen die Hand geht oder sich der Anlehnung entzieht, verbessern Sie die Durchlässigkeit. Reiten Sie Übergänge zwischen Schritt und Halten sowie zwischen Schritt und Trab.

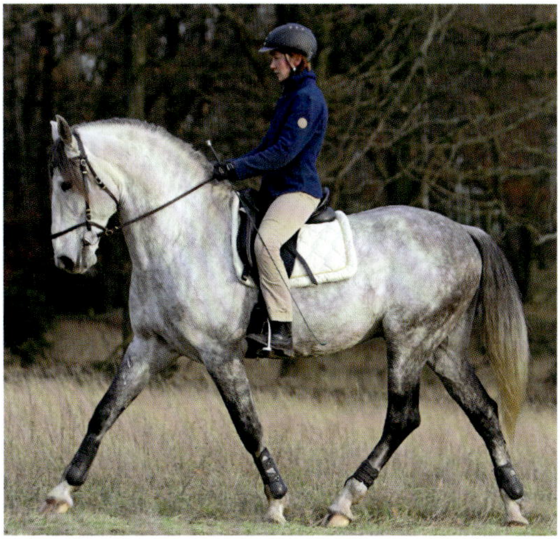

Tritte verkürzen: Susanne fängt Tenor im Aussitzen im Trab ein. Er richtet sich etwas auf, seine Hinterhand fußt bei etwas kleineren Tritten trotzdem nach vorn. Die Verbindung zwischen Hand und Maul ist leicht.

TIPP

Versuchen Sie, diese Wechsel vorwiegend über Ihren Sitz zu reiten. Reiten Sie die Übergänge auch mal auf einem Zirkel. Durch die Biegung dehnen Sie dabei jeweils die äußere Körperhälfte besonders.
Kombinieren Sie das Reiten in Dehnung und Beizäumung mit dem Zulegen und Einfangen des Tempos.

Das perfekte Angaloppieren

Ich halte es beim Galoppieren wie die Mehrzahl alter Meister. Wenn das Angaloppieren suboptimal erfolgt, wird der folgende Galopp nie und nimmer von guter Qualität sein. Daher ist es sinnvoll, das Angaloppieren als eigenständige Lektion zu sehen und das Pferd durch wiederholte Übergänge auf einen guten Galopp vorzubereiten.

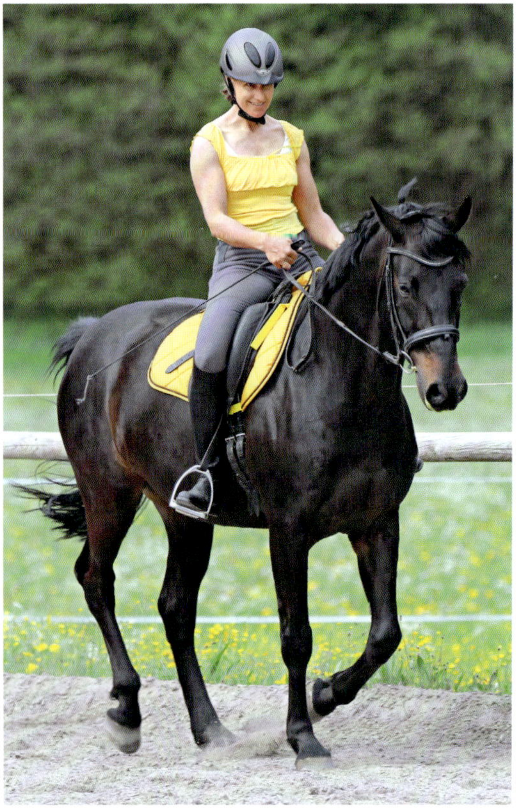

Der Moment des Angaloppierens: Das Pferd wird auf dem äußeren Hinterbein fußend seine Vorhand anheben und in den Galopp wechseln.

DAS PFERD

Reiten Sie Ihr Pferd bewusst im verkürzten Schritt, stellen Sie es an die Hilfen und geben Sie die Galopphilfen so, dass das Pferd in dem Moment, in dem es mit dem äußeren Hinterhuf auffußt, seinen Körper anhebt und in den Dreitakt, in den Galopp wechselt. Junge und noch nicht so gut bemuskelte Pferde brauchen für diese kraftvolle Bewegung den Hals als Hebel, um den Brustkorb anzuheben. Das ist zwar nicht schön, es ist aber der kleinere Fehler auf dem Weg dahin, dass das Pferd bei gleichbleibender Kopf-Hals-Position seinen Brustkorb anhebt, um aus dem Schritt anzugaloppieren.

DER REITER

Sitzen Sie mittig und entspannt und lassen Sie Ihr Becken den Bewegungen des Pferderückens folgen. Das heißt, im Moment des Angaloppierens wird sich Ihre innere Hüfte nach vorn-unten bewegen und Ihr inneres Knie nach hinten-unten. Diese Rollbewegung des Beckens wiederholt sich bei jedem Galoppsprung.

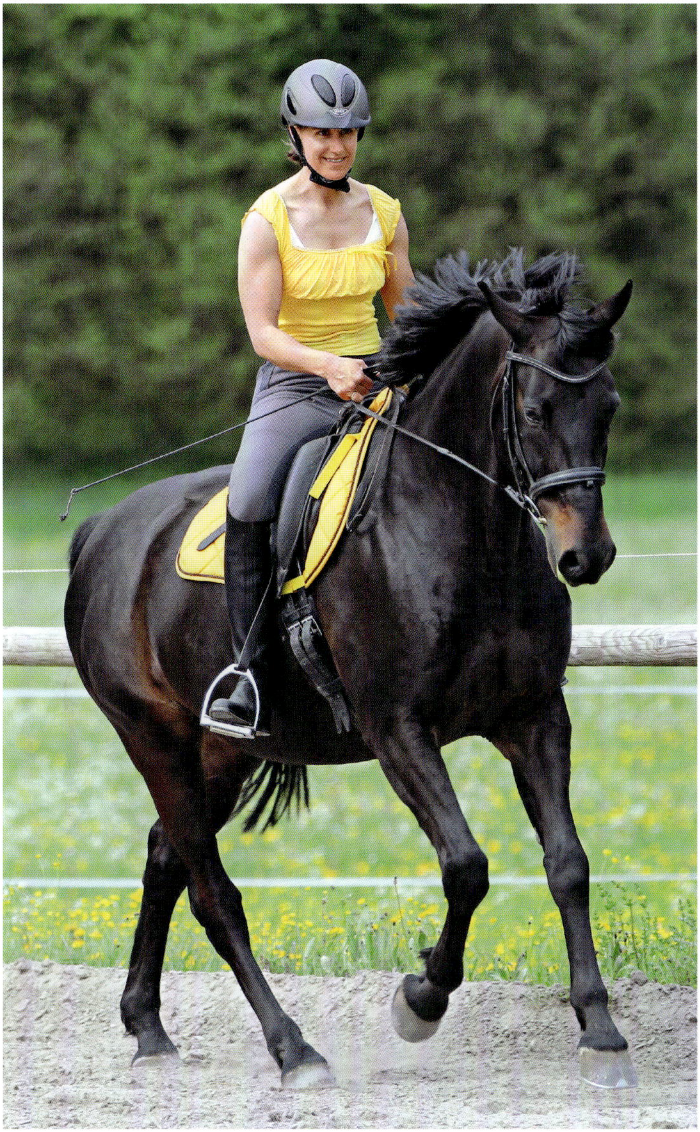

Hier gelingt es dem Pferd, während des Angaloppierens im Genick gebeugt zu bleiben und seinen Brustkorb anzuheben, ohne den Hals als Balancierstange zu nutzen.

TIPP

Wenn das Pferd beim Angaloppieren vermehrt das äußere Hinterbein belasten soll, galoppieren Sie aus dem verkürzten Schritt in Travers-Position an. Wenn Ihr Pferd von Natur aus in Travers-Position angaloppieren möchte, bringen Sie es zuvor in einen verkürzten Schritt und in die Schulterherein-Position und galoppieren Sie es daraus an. Achten Sie dabei auf Ihren äußeren Schenkel. Wenn dieser zu weit zurückgelegt wird, wird das Pferd zurück in die Travers-Position kommen.

BITTE BEACHTEN

Sollte Ihr Pferd aus dem Galopp ausfallen und im Renntrab laufen, zwingen Sie es keinesfalls wieder in den Galopp hinein. Parieren Sie Ihr Pferd durch, überprüfen Sie Ihren Sitz und Ihre Hilfengebung und bereiten Sie das Pferd bewusst und präzise auf das Angaloppieren vor und dann galoppieren Sie es erneut an. Nur so kann der Galopp qualitativ gelingen.

Trab – Galopp – Übergänge

Zügige Wechsel zwischen Trab und Galopp erhöhen Fleiß und Mobilität Ihres Pferdes. In den meisten Fällen verbessern Sie damit die Trabmechanik und den Ausdruck nach den Übergängen deutlich. Planen Sie präzise – reiten Sie einen oder einen halben Zirkel im Trab und einen im Galopp.

DAS PFERD

Ein Pferd kann auf verschiedene Weisen vom Trab in den Galopp wechseln. Es soll nach oben-vorn anspringen und nicht in den Galopp hineinrollen. Bedenken Sie: Junge oder weniger trainierte Pferde werfen aufgrund von Ermüdung während des ersten Galoppsprungs den Kopf einmal kurz nach oben. Sie heben sich heraus. Strafen Sie nicht oder erhöhen Sie nicht den Druck im Maul.

Trainieren Sie diese Bewegung weiter, bis Ihr Pferd die Kraft und Dehnungsfähigkeit hat, sich im Widerrist anzuheben, ohne den Kopf und den Hals als Hebel zum Anheben der Vorhand zu benutzen. Das fällt den Pferden zunächst aus dem Trab leichter, sie bauen so die nötige Kraft auf.

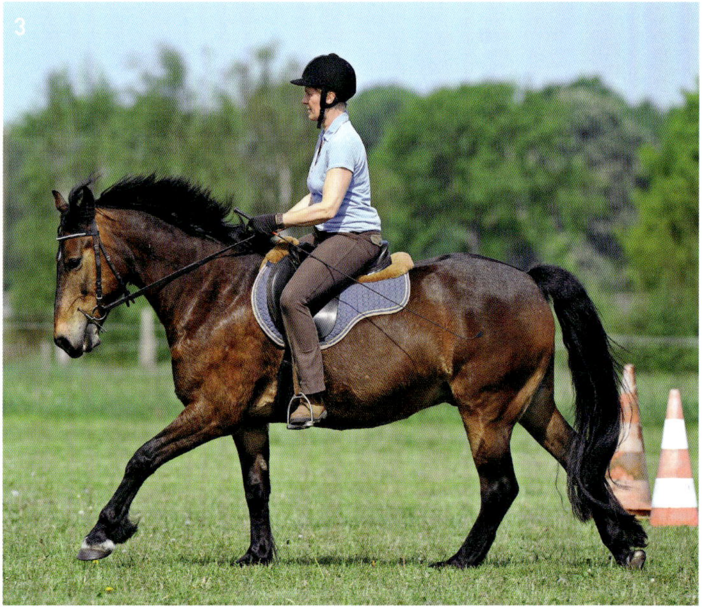

Gabriele wechselt im frischen Vorwärts zwischen Trab und Galopp. Sie erhält den Galopp bis zum letzten Sprung fleißig (1), wechselt dann in den Trab (2), um daraus erneut anzugaloppieren (3). Sie könnte ihre linke Körperhälfte lockerer lassen und etwas mehr strecken, um Ollys Vorwärtsimpuls im Moment des Angaloppierens zu unterstützen.

BITTE BEACHTEN

- Bauen Sie Handwechsel in die „Trabtouren" mit ein und wechseln Sie auf diese Weise zwischen Rechts- und Linksgalopp.
- Reiten Sie den Trab fleißig vorwärts, sodass Ihr Pferd nicht das Tempo, sondern nur die Gangart wechseln muss.
- Planen Sie, an welchen Punkten Sie die Übergänge reiten wollen und wie lange Sie in welcher Gangart sein wollen.
- Planen Sie die Anzahl der Galoppsprünge und zählen Sie mit – das erhöht Ihre Konzentration.

TIPP

Reiten Sie jeden Übergang vom Galopp zum Trab sehr bewusst. Der Beginn des Trabes steht im Vordergrund, nicht der Gedanke, den Galopp zu beenden.
Stellen Sie sich den Trab vom ersten Tritt an stets schwungvoll und fleißig vor. Halten Sie Ihren Beckengürtel und unteren Rücken beweglich, um im Gangartwechsel mitschwingen zu können.

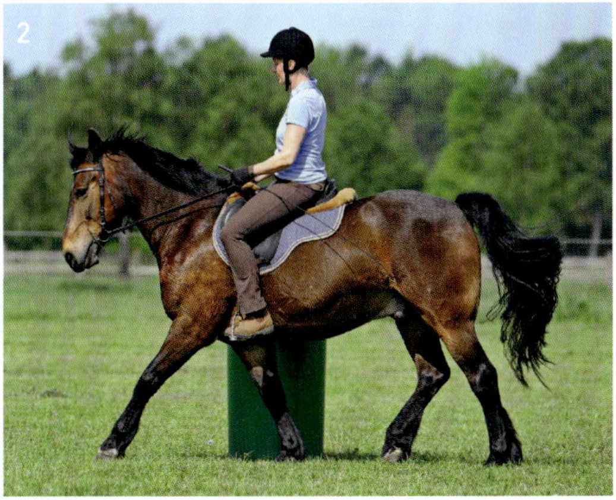
2

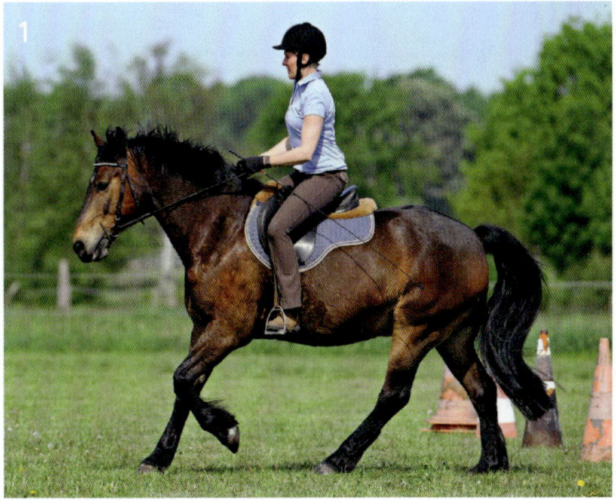
1

DER REITER

Der Reiter sitzt mittig im Trab. Ob Sie beim Angaloppieren die innere oder äußere Gesäßhälfte mehr belasten sollten, sehe ich so: Das Becken des Reiters vollzieht die gleichen Bewegungen wie das Becken des Pferdes. Das heißt, im Moment des Anspringens sitzt der Reiter mehr auf der äußeren Gesäßhälfte, das Pferd wird sich dann über seine Diagonale, die der Reiter als Mitte fühlt, auf das innere Vorderbein bewegen. Im Moment der Einbeinstütze sitzt der Reiter gestreckt und bringt die innere Hüfte nach vorn-unten. Nach der folgenden Schwebephase wird das Pferd erneut auf dem äußeren Hinterbein landen. So bewegen sich Reiter und Pferd rollend über ihre Diagonalen.
Das innere Bein treibt am Gurt, das äußere Bein wird etwas nach hinten gelegt. Die innere Hand gibt der inneren Schulter den Weg nach vorn frei, erhält aber auch die leichte Biegung, die äußere Hand führt und bewahrt konstante Verbindung.

Galopp – Galopp – Übergänge

Um den Galopp in seinem Fluss durch Schwung- und Raumgriff zu verbessern, bieten sich nicht nur Übergänge zwischen Trab und Galopp, sondern auch zwischen den Gangmaßen innerhalb des Galopps an. Auch wenn wir zunächst vom Verkürzen und Verlängern der Galoppsprünge sprechen, sind doch die Übergänge zwischen Arbeitsgalopp, Mittelgalopp und versammeltem Galopp das Ziel.

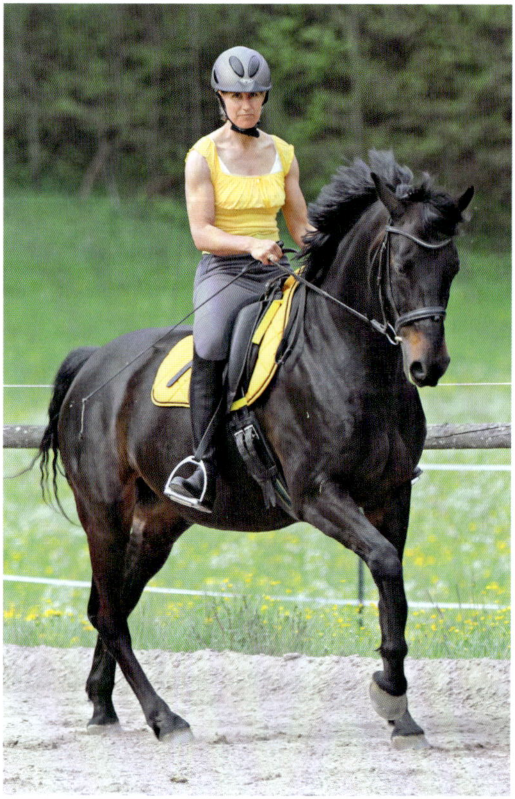

Mit verkürzten Galoppsprüngen wirkt das Pferd größer. Achten Sie dabei auf Leichtigkeit im Kontakt zum Maul.

DAS PFERD

Unabhängig von seiner Rasse und seinem Exterieur, sollte jedes Pferd fleißig bergauf galoppieren. Das bedeutet, dass es in jedem Galoppsprung einen Wechsel zwischen dem Anspannen der Bauch- und Brustmuskulatur und dem Aufwölben des Rückens sowie dem Anspannen des Rückens und dem Aufdehnen der Brust- und Bauchmuskulatur gibt. Wichtig ist, dass das Pferd weder beim Verkürzen noch beim Verlängern der Galoppsprünge durch die Hand des Reiters festgehalten wird.

DER REITER

Ein geschmeidiger Sitz im Galopp ist die Voraussetzung, um während des Galopps auf das Pferd einwirken zu können. Daher ist es wichtig, dass Sie als Reiter über eine mobile und losgelassene Hüft- und Beckenmuskulatur verfügen. Verdeutlichen Sie sich, dass es in jedem Galoppsprung einen Moment gibt, in dem Sie vermehrt Gewicht auf Ihrer äußeren Gesäßhälfte haben und Ihre innere Hüfte nach oben angehoben wird. Und einen Augenblick später, wenn das Pferd nur auf dem inneren Vorderbein auffußt, bewegt sich Ihre Hüfte nach vorn-unten. Das bedeutet, dass Ihr Oberkörper aufrecht bleibt, unabhängig von dem Moment des Galoppsprungs. Denn diese

Bewegungen werden durch Ihr Becken begleitet und nicht durch ein Schaukeln des Oberkörpers.
Des Weiteren ist es ganz wichtig, jede Art Parade, Demi-Arrêt oder Zügelhilfe im Allgemeinen in jenem Augenblick zu geben, in dem das Pferd auf dem äußeren Hinterbein fußt. Beim Verlängern der Galoppsprünge treiben Sie impulsartig und lassen Ihren Beckengürtel losgelassen den größeren Bewegungen des Pferderückens folgen. Beim Verkürzen spannen Sie zunächst Ihre Bauchmuskulatur an und richten sich auf. Achten Sie darauf, dass Sie eine gleichbleibend leichte Verbindung zum Pferdemaul haben.

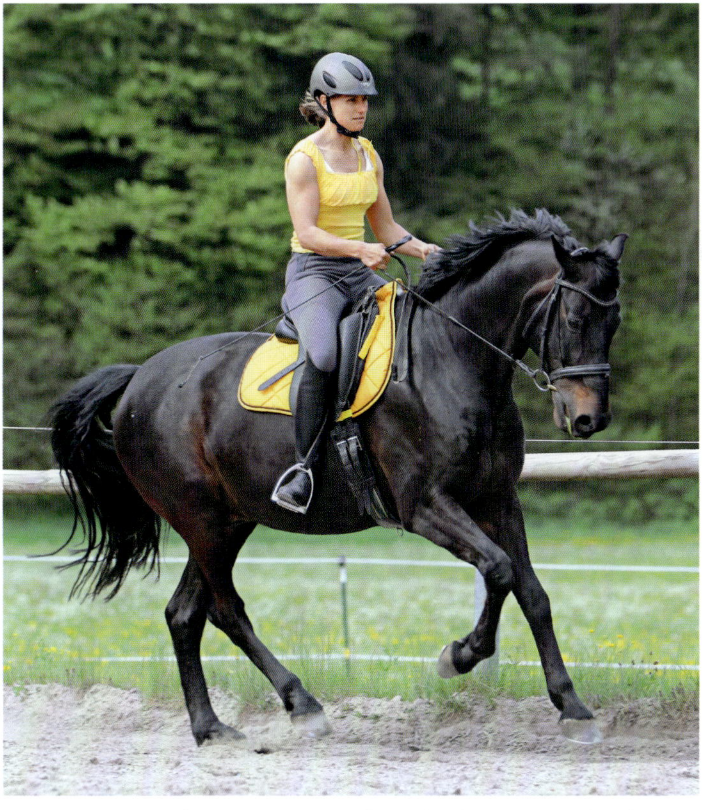

Beim Verlängern der Galoppsprünge ist die Bergauftendenz deutlich erkennbar. Die Pferdenase darf noch ein bisschen weiter vor.

TIPP

Halten Sie einen klaren Plan ein, wann Sie welchen Übergang reiten wollen und visualisieren Sie beim Zulegen die großen kraftvollen Bewegungen des Pferdes nach vorn. Und beim Einfangen stellen Sie sich vor, Sie würden in kurzen kraftvollen Galoppsprüngen einen steilen Berg hinaufgaloppieren. Bremsen Sie Ihr Pferd unter keinen Umständen durch vermehrten Zug am Zügel, sondern lassen Sie die Gewichtshilfen vorherrschen. Ziehen Sie dabei wiederholt den Bauchnabel ein und die Schenkelhilfen erhalten den Galopp.

Galopp in Außenbiegung

Der Galopp ist eine laterale Bewegung, die in klarem Dreitakt gesprungen werden soll. Leider ist diese Gangart störungsanfällig für Hand- und Sitzfehler des Reiters. Das Reiten des Handgalopps in Außenbiegung ist eine gute Vorbereitung für den Außengalopp und auch eine Gleichgewichtsschulung für das Pferd. Zugleich unterstützt es den Reiter darin, seine Hilfen zu verfeinern.

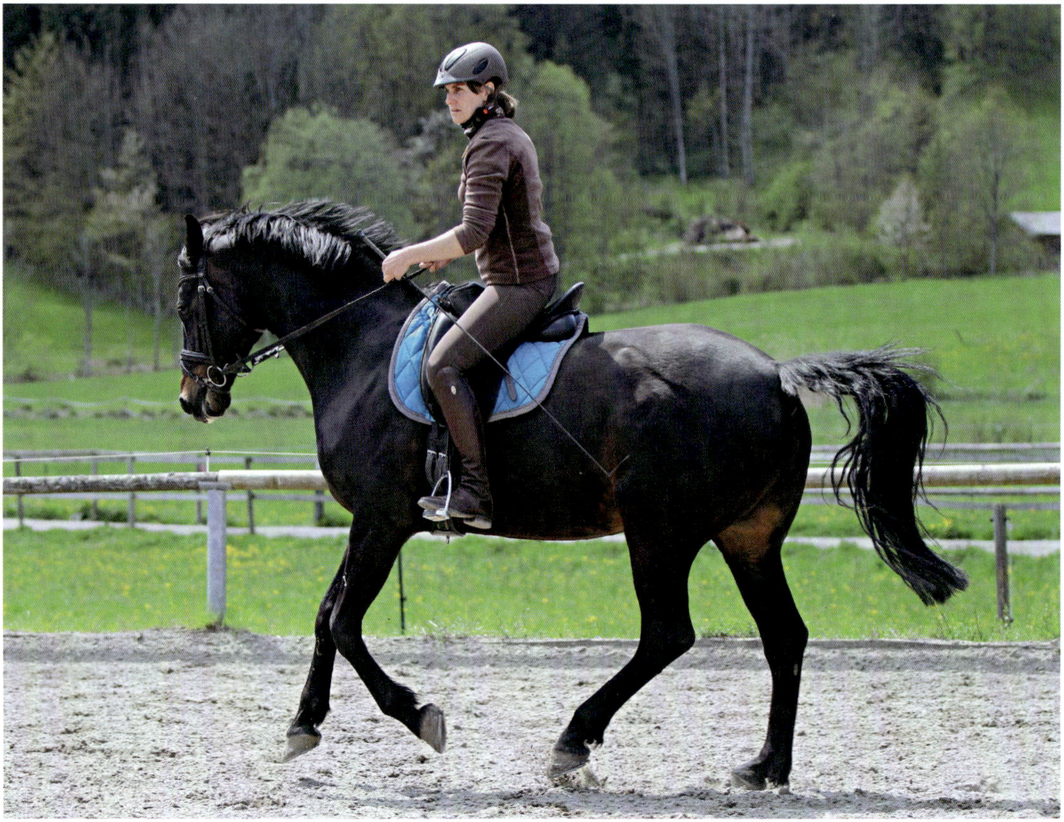

Der Galopp mit Außenbiegung wirkt gymnastizierend und muss gleichmäßig auf beiden Händen durchgeführt werden.

DAS PFERD

Um das Pferd im Galopp gerade zu richten, ist es sinnvoll, seine Schultern zu kontrollieren und es durch Änderungen der Kopf-Hals-Position dazu zu bringen, beide Schultern gleichmäßig zu belasten. Wenn Sie den Handgalopp in Außenbiegung reiten, wird das Pferd mehr Gewicht auf die innere Schulter bekommen. Das ist besonders bei den Pferden sinnvoll, die im Galopp über die äußere Schulter ausweichen. Gleichzeitig ist es eine gute Vorbereitung für den Kontergalopp.

TIPP

Zu Beginn können Sie sich diese Übung erleichtern, indem Sie an der geschlossenen Zirkelseite das Pferd nach außen biegen und an der offenen Seite nach innen. Ändern Sie mit zunehmender Routine und Durchlässigkeit des Pferdes die Linien, auf denen Sie galoppieren, sodass Sie schließlich Ihr Pferd jederzeit nach innen oder außen biegen können.

DER REITER

Sie galoppieren auf einem Zirkel. Sie sitzen in Bewegungsrichtung, das innere Bein treibt am Gurt, der äußere Schenkel ist zurückgelegt und Ihr Beckengürtel bewegt sich im losgelassenen Einklang mit dem Pferderücken. Der Oberkörper wendet sich in Richtung Zirkellinie. Dieser Grundsitz verändert sich nicht, wenn Sie Ihr Pferd nun auffordern, sich nach außen zu biegen. Dazu fassen Sie den äußeren Zügel kürzer und heben die äußere Hand leicht an. Der innere Zügel wird etwas länger. Die Hand entfernt sich etwas vom Widerrist, als ob sie den Schultergürtel leicht nach innen ziehen wollte. Kleine Demi-Arrêts erhalten die Kopf-Hals-Position, sodass das Pferd auf die veränderte Biegung nicht das Genick absenkt.

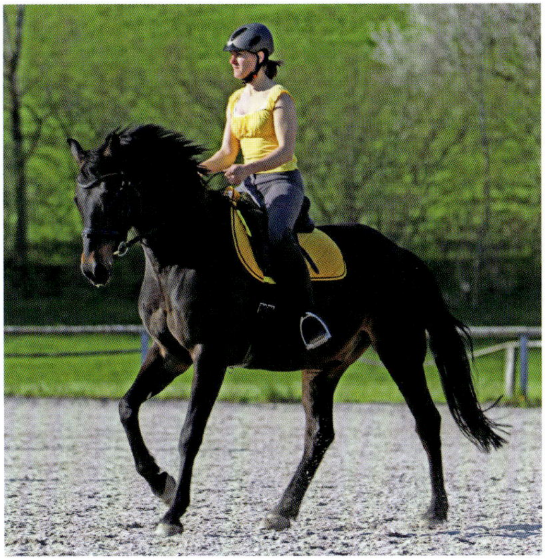

Die innere Schulter ist frei beweglich.

BITTE BEACHTEN

- Geben Sie auf keinen Fall Signale mit Ihrer Hand in der Phase des Galopps, in der das Gewicht auf dem inneren Vorderfuß liegt. Denn dieser Moment des Galoppsprungs soll nicht verlängert werden.
- Achten Sie darauf, dass Sie jegliche Zügelhilfe im Galopp stets in dem Moment geben, in dem das Pferd mit dem äußeren Hinterfuß auffußt. Denn dadurch animieren Sie es zur vermehrten Lastaufnahme.

Rückwärtsrichten

Das Rückwärtsrichten ist eine Bewegung im Zweitakt ohne Schwebephase. Rückwärtszugehen hilft dem Pferd, sein Gleichgewicht nach hinten zu verlagern. Es fördert die Aktivität und mobilisiert die großen Gelenke der Hinterhand. Rückwärtsrichten hat zusätzlich eine dominierende Nebenwirkung.

DAS PFERD

Beim Rückwärtsrichten sollte das Pferd seine Lendenwirbelsäule leicht aufwölben und sein Becken abkippen. Seine Hanken werden leicht gebeugt, während es abwechselnd mit seinen diagonalen Beinpaaren zurücktritt. Wichtig ist, dass sein Genick der höchste Punkt bleibt. Je nach Ausbildungsstand sollte das Pferd sein Genick beugen.

DER REITER

Auch bei dieser Lektion gibt es verschiedene Lehren über den Einsatz der Hilfen. Manche Reiter entlasten leicht den Rücken, was sich besonders bei jungen Pferden bewährt hat. Andere lehren, beidseitig belastend sitzen zu bleiben, was sicher bei zunehmender Versammlung notwendig ist. Ebenso lassen manche ihre Beine leicht am Gurt liegen, während andere beide Beine etwas nach hinten legen.
Über das Zusammenspiel der Hilfen halte ich es weiterhin mit „Hand ohne Bein, Bein ohne Hand". Ich lehre auf beiden Gesäßknochen sitzen zu bleiben und die Lende zu entspannen. Die Beine liegen entspannt leicht hinter dem Gurt und die Hände richten das Pferd auf und rückwärts. Wichtig ist das Annehmen beider Zügel gleichzeitig, um den nächsten Schritt abzufragen, und das Nachgeben, um den Schritt herauszulassen.

BITTE BEACHTEN

- Achten Sie darauf, dass sich Ihr Pferd nicht verkriecht. Wenn es seinen Kopf zu tief nimmt, sollten Sie es unbedingt zuerst aufrichten, bevor Sie auf das Maul einwirken, sonst klemmen Sie die Zunge und den Unterkiefer ein.
- Es ist besser, in freier Kopfhaltung rückwärts zu richten, als dass das Pferd sein Genick übertrieben schließt, nur mit der Nase zurückweicht und nicht mit dem gesamten Körper.

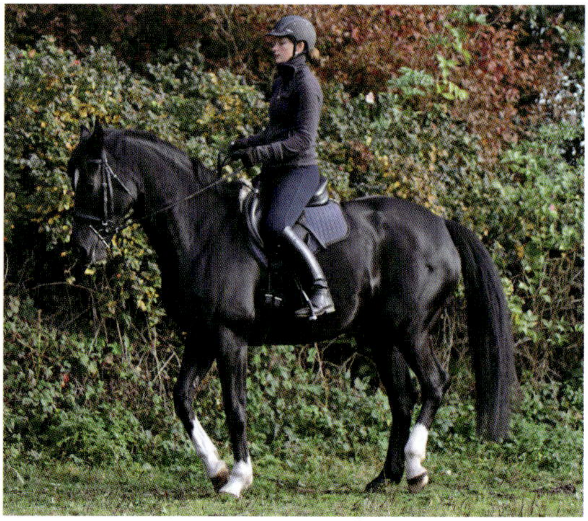

Aufgerichtet in leichter Anlehnung tritt Unah rückwärts. Inken hat ihre Beine etwas zurückgelegt und hilft der Stute so, sich zu setzen und ein wenig zu versammeln.

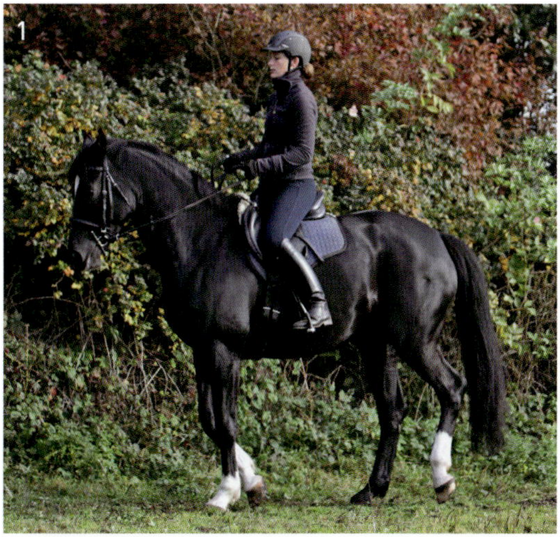

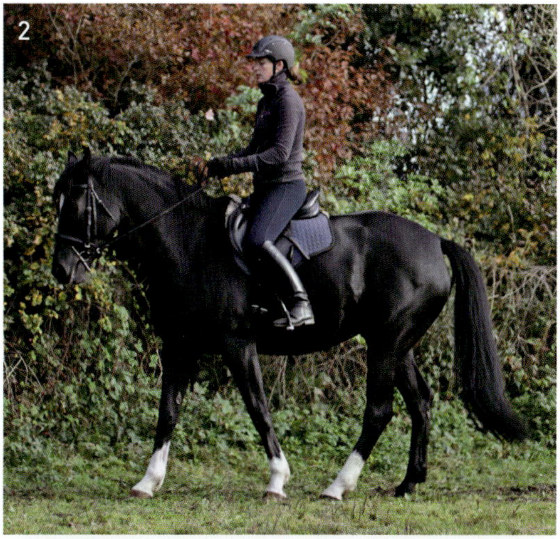

TIPP

Wenn Ihr Pferd aufgrund seiner natürlichen Schiefe zu einer Seite ausweicht, biegen Sie es während des Rückwärtsrichtens in dieselbe Richtung, in die es ausweicht.
Wenn diese Maßnahme nicht ausreicht, um das Pferd gerade zu halten, bringen Sie das Pferd schon beim Anhalten in eine Schulterherein-Position und richten es mit dieser Abstellung rückwärts. Auf keinen Fall strafen Sie das Pferd, sondern lehren Sie es geduldig, in korrekter Weise ruhig rückwärtszutreten.

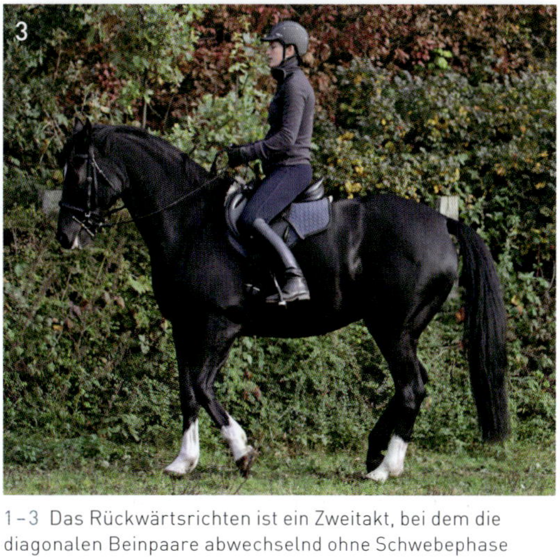

1–3 Das Rückwärtsrichten ist ein Zweitakt, bei dem die diagonalen Beinpaare abwechselnd ohne Schwebephase dazwischen zurücktreten.

Schaukel

Der Wechsel zwischen Rückwärtsrichten und forschem Antreten ist eine Lektion, die die reiterlichen Hilfen verfeinert und die Geschmeidigkeit des Pferdes fördert. Das Pferd wechselt zwischen dem Zweitakt im Rückwärts und dem Viertakt im Vorwärts. Bei gutem Gelingen können Sie aus dem Rückwärtsrichten heraus auch antraben oder später auch angaloppieren.

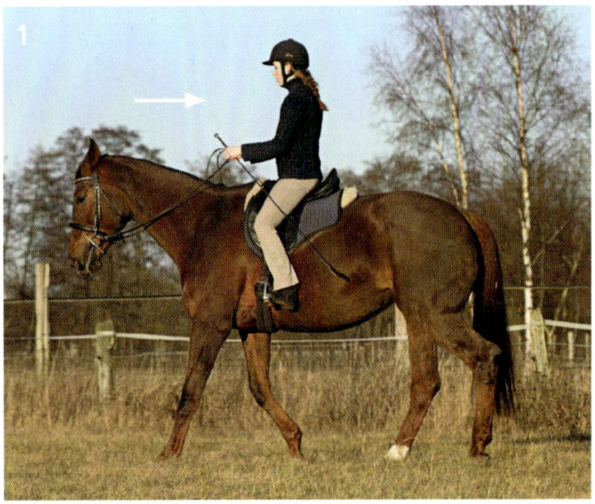

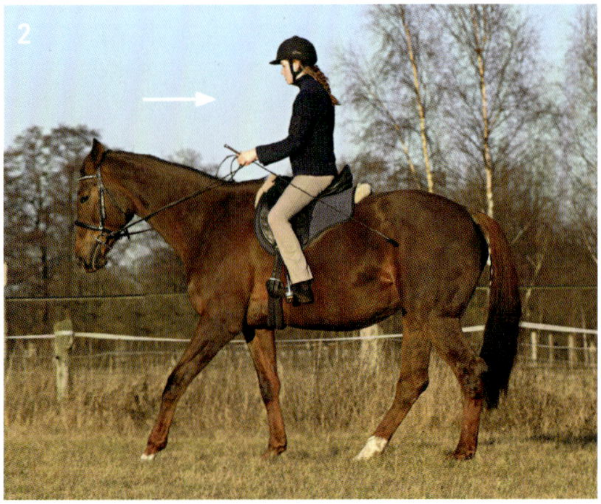

Fiona tritt im Zweitakt zurück (1–3) und kippt dabei im Becken etwas ab. Julia hat ihre Beine am Pferdebauch anliegen, zuvor hat sie die Zügel verkürzt. Aus dem Rückwärts heraus tritt Fiona im Viertakt kraftvoll im Schritt an (4), obwohl Julia den weitverbreiteten Fehler zeigt, ihre Schultern nach vorn zu bringen.

DAS PFERD

Die Schaukel, ein fleißiges Vor- und Zurücktreten des Pferdes, ist eine sehr interessante Übung. Nach einigen Wiederholungen folgt das Pferd den Hilfen des Reiters widerstandslos, eher freudig und prompt. Positive Effekte sind die Sicherung und Förderung der Durchlässigkeit und des horizontalen Gleichgewichts. Im Rückwärts verlagert das Pferd seinen Schwerpunkt etwas nach hinten, dadurch bekommt das folgende Antreten mehr Ausdruck.

TIPP

Zunächst halten Sie Ihr Pferd zwischen dem Rückwärts und Vorwärts an und verbessern die leichte Anlehnung. Später können Sie mit zunehmender Durchlässigkeit des Pferdes das Halten immer mehr verkürzen, bis Ihr Pferd ganz fließend vom Vorwärts ins Rückwärts und wieder ins Vorwärts wechselt. Falls Ihr Pferd zögerlich antritt, unterstützen Sie die Schenkelhilfen mit der Gerte.

BITTE BEACHTEN

- Wenn Ihr Pferd zögerlich rückwärts tritt, bringen Sie es in eine höhere Kopf-Hals-Position, ohne das Genick zu weit zu öffnen. Achten Sie dabei auf ein bewegliches Kiefergelenk.
- Auf keinen Fall darf Ihr Pferd seinen Kopf hinter die Senkrechte nehmen, denn dann belastet es vermehrt seine Vorhand und „kriecht" mit am Boden schleifenden Vorderbeinen rückwärts.

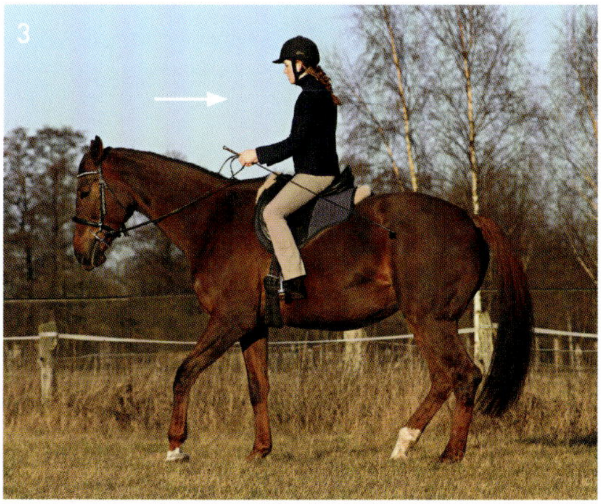

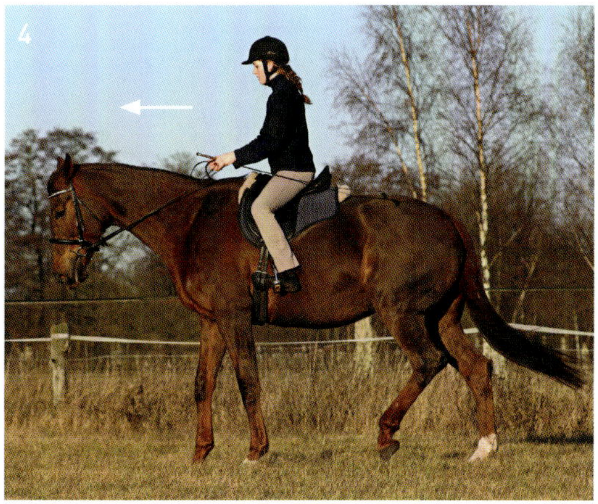

DER REITER

Im Rückwärts belastet der Reiter beide Gesäßhälften gleichmäßig, die Beine werden leicht nach hinten ans Pferd angelegt. Ich treibe nicht ins Rückwärts, denn der aktive Einsatz beider Schenkel bedeutet stets vorwärts. Ich möchte keine widersprüchlichen Hilfen geben.
Das Pferd beginnt zurückzutreten infolge des leichten Annehmens und Nachgebens an beiden Zügeln. Die Hände bleiben dabei in einer Position, die Zügel werden bei Bedarf nachgefasst. Die Finger sind beweglich, indem die Fäuste sich öffnen und schließen. Sollte das Pferd daraufhin nicht zurücktreten, werden die Hände leicht angehoben und der Kopf des Pferdes etwas höher eingestellt. Die Hilfen werden wiederholt, aber keinesfalls zieht der Reiter die Zügel zurück. Beim Antreten treiben die Schenkel vorn am Gurt. Beide Gesäßhälften werden belastet, das Becken kippt und die Lende entspannt. Die Hände erhalten die gewünschte Kopf-Hals-Position und entlassen das Pferd ins Vorwärts.

Deutliche Biegung ●●●

Bei dieser Übung wird der Hals des Pferdes stärker gebogen als es die Linie vorgibt, auf der geritten wird. Hierbei wird insbesondere die äußere Halsseite und Körperhälfte gedehnt. Es ist wichtig, diese Lektion mit häufigem Handwechsel zu reiten und damit wechselseitig beide Körperhälften zu dehnen.

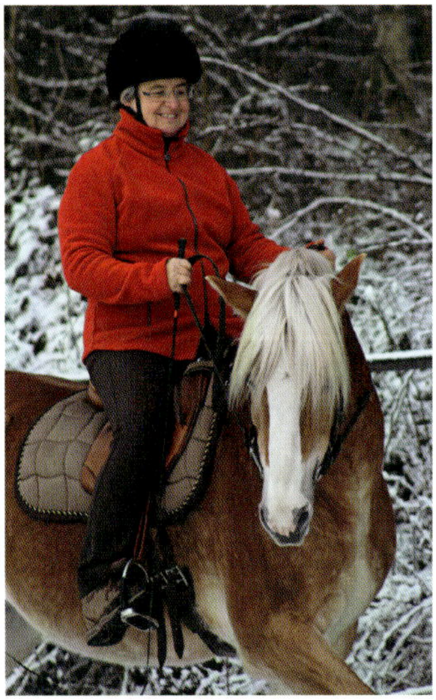

In verschiedenen Reitweisen wird der Hals bis zu 45 oder 90 Grad zur gerittenen Linie gebogen.

DAS PFERD

Das Ziel ist ein Pferd, das sich auf beiden Händen ohne Widerstände in seiner Halsmuskulatur auf 90 Grad biegen lässt. Sein Maul ist beweglich, der Unterkiefer nachgiebig, das Genick ist der höchste Punkt. Es ist wichtig, dass das Genick offen bleibt. Das Pferd darf sein Genick nicht schließen, ohne dass es einer Hilfe dafür folgt.

DER REITER

Reiten Sie geradeaus bzw. auf einer geplanten Linie. Sitzen Sie dementsprechend. Treiben Sie und erhalten Sie das gewünschte Tempo. Besonders wichtig ist, dass Sie mit beiden Händen gleichmäßigen Kontakt haben, sanft, aber konstant. Erhalten Sie die Kaubewegungen des Mauls.
Das Abfragen der Biegung erfolgt nach folgendem Schema: Sie heben die innere Hand leicht an, dadurch wirken Sie auf den Maulwinkel ein und das Pferd wendet den Kopf. Es folgt Ihrer Hand. Die äußere Hand bleibt in ihrer Position. Unter allen Umständen müssen Sie ein Nach-vorn-Strecken des Armes verhindern. Die Gertenübung im Bild oben rechts hilft Ihnen, diesen verbreiteten Fehler gar nicht erst zu machen. Achten Sie stets auf gleichmäßigen Kontakt in beiden Zügeln und behalten Sie Ihre Hände nebeneinander. Anheben, absenken bzw. nachfassen können Sie auch mit Gerte. Damit die Hand nicht höher als der Ellbogen gehalten werden muss, wird innen nachgefasst und der äußere Zügel ein wenig länger gelassen. Die äußere Hand bleibt dabei in ihrer Position, der Zügel wird länger und lässt die Biegung zu. Er verliert jedoch nicht den Kontakt und die Führung. Der äußere Zügel signalisiert dem Pferd, wohin es gehen soll.
Bei Bedarf wird das Verkürzen innen und das Nachlassen außen wiederholt. Am Ende ist der Hals des Pferdes auf 90 Grad gebogen. Beide Hände können wieder in eine neutrale Position gebracht werden und das Pferd bleibt kauend bei gleicher Höhe des Kopfes in der Biegung.

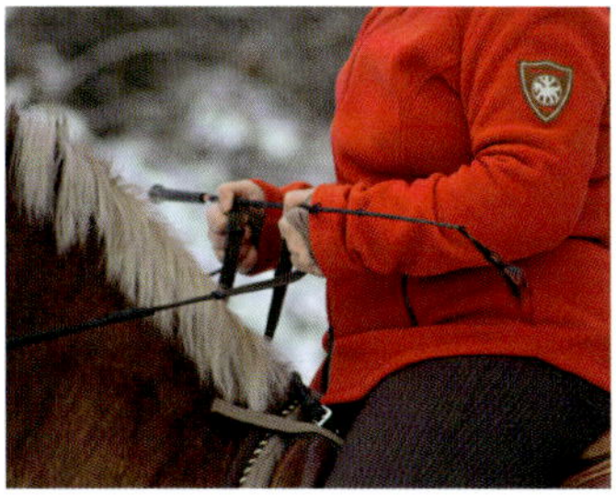

Um das symmetrische Halten der Hände zu gewährleisten, lege ich eine Gerte quer auf meine Fäuste. So habe ich eine optische Kontrolle und eine Hilfe, damit die Hände bei dem Biegen nebeneinanderbleiben.

TIPP

Diese Übung passt zu jeder Jahreszeit. Auch wenn der Boden nur Reiten im Schritt erlaubt, gymnastizieren Sie Ihr Pferd so auf beiden Seiten. Wenn Sie dies zunächst im Stand versuchen und Ihr Pferd sich aufgrund mangelnder Biegungsfähigkeit zu drehen beginnt, bleiben Sie geduldig in der Frage der Biegung und ignorieren Sie die Ausweichbewegung.

BITTE BEACHTEN

Achten Sie darauf, dass ...

- ... Ihr Pferd abkaut und leicht in der Anlehnung bleibt.
- ... Die Ohren Ihres Pferdes auf gleicher Höhe bleiben, es soll sich nicht verwerfen.
- ... Ihr Pferd auf der geplanten Linie bleibt. Reiten Sie geradeaus mit einer Biegung von bis zu 90 Grad im Schritt. Falls Ihr Pferd in Richtung der Biegung abwenden will, führen Sie es am äußeren Zügel breiter. Der innere Zügel wird sanft am Hals anliegend angehoben.

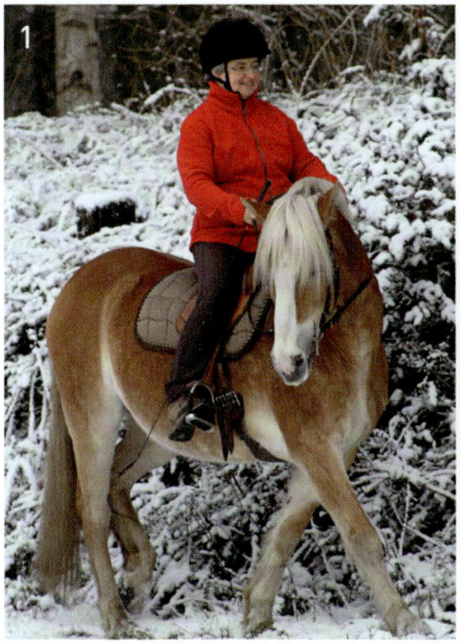

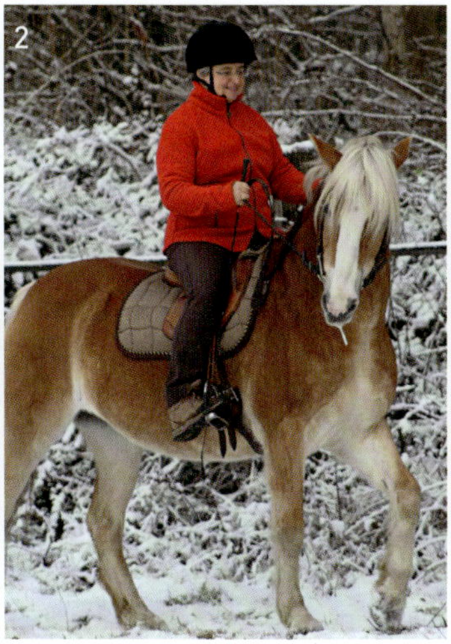

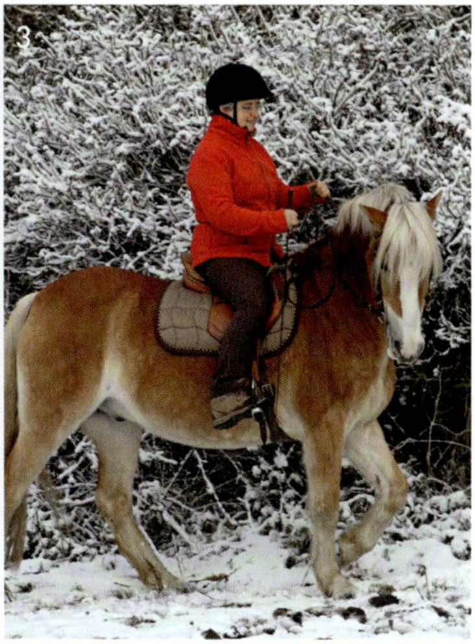

Pferde, denen die Biegung zu einer Seite schwerer fällt, neigen zum Verwerfen (2). Durch das Anheben der äußeren Hand kann ich Rudis Kopf wieder ins Lot bringen (3).

Über Biegung in die Dehnung

Der Sinn der deutlichen Biegung liegt in der Erhöhung der Dehnungsfähigkeit Ihres Pferdes und damit in einer verbesserten Dehnungshaltung. So ist das Zusammenspiel A-B-D, also Abkauen-Biegen-Dehnen, als Einheit zu sehen. Erst wenn dies reibungslos gelingt, wird das Genick gerundet und das Pferd beigezäumt.

DAS PFERD

Das Pferd biegt sich mit beweglichem Unterkiefer, sein Genick ist höchster Punkt, die Ohren sind auf gleicher Höhe. Der Kontakt zu beiden Zügeln fühlt sich leicht und flexibel an.

DER REITER

Das Pferd wird im Schritt mit mobilem Maul auf 90 Grad Halsabstellung gebogen. Es bleibt in seinem lateralen Gleichgewicht. Das bedeutet, dass es beide Schultern gleichmäßig belasten und das Tempo halten kann. Um die Dehnungsfähigkeit zu überprüfen, entlassen Sie das Pferd aus der Biegung in die Dehnung. Im Idealfall brauchen Sie nur die Hände zu öffnen, das Pferd wird die Nase nach vorn bringen und den Hals fallen lassen. In der Dehnung öffnet sich das Genick vermehrt, so bleibt die Nase vorn.

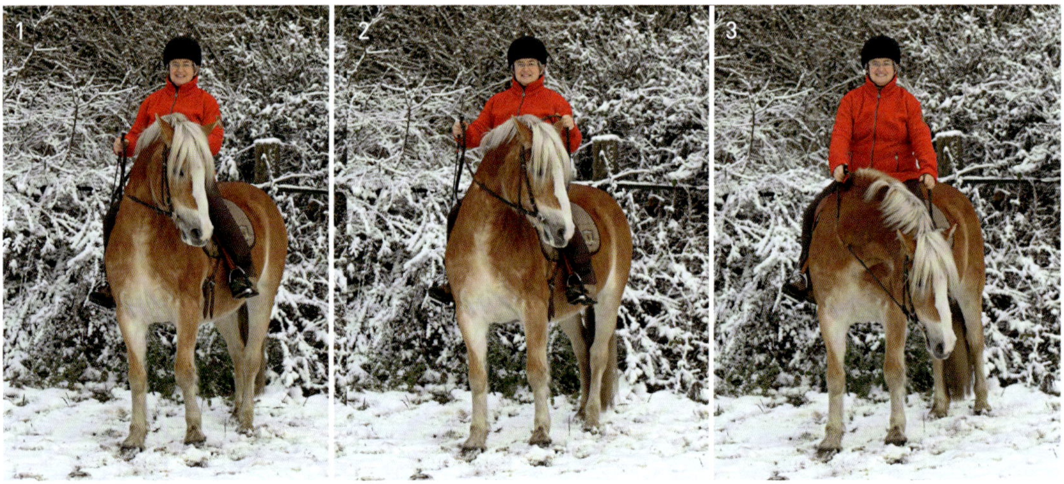

Rudi lässt sich mit mobilem Maul deutlich nach links biegen (1). Durch v-förmiges Anheben der Hände und bewegliche Finger fordere ich ihn auf (2), sich gleichmäßig in die Biegung hinein zu dehnen (3). Ich bleibe dabei mittig sitzen, um später in der Bewegung „geradeaus" zu bleiben.

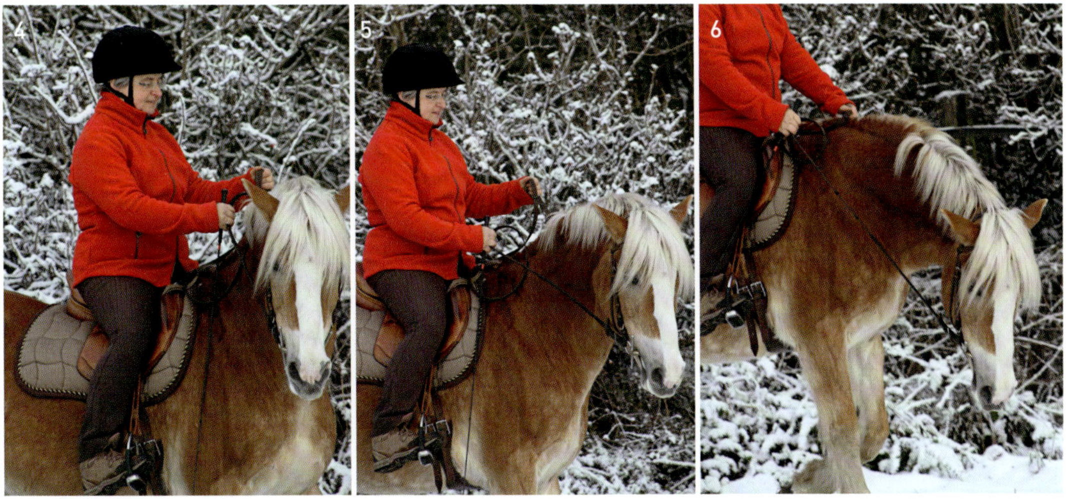

Als Ergebnis regelmäßiger Gymnastizierung folgt Rudi auf bloßes Absenken der Hände und Längerlassen des Zügels in die Dehnung, auch wenn ihm die Rechtsbiegung schwerer fällt. Meine äußere Hand bleibt leicht aktiv, damit seine Ohren auf gleicher Höhe bleiben.

BITTE BEACHTEN

- Arbeiten Sie nicht streng nach Schema. Spielen Sie mit dem Abkauen, der Biegung und der Dehnung. Fordern Sie die Biegung auch in höherer Kopf-Hals-Position, ohne vorher zu dehnen. Oder wechseln Sie bedächtig Stück für Stück von Rechtsbiegung zu Linksbiegung. So verhindern Sie Automatismen Ihres Pferdes.
- Wenn sich Ihr Pferd beim Biegen hinter den Zügel verkriecht oder dem nachgebenden Zügel nicht folgen mag, sollten Sie diese Übung unbedingt in der Handarbeit vom Boden aus beginnen. So können Sie präziser und effektiver direkt einwirken und dabei stets im Kontakt zum Maul bleiben.
- Wenn sich Ihr Pferd im Moment des Nachgebens auf den Zügel stützt, benötigen Sie Konsequenz und Feingefühl. Kleine Demi-Arrêts erhalten die Leichtigkeit, während der Zügel länger wird. Das erfordert ein wenig Übung. Bleiben Sie geduldig und üben Sie es in kleinen Schritten, indem Sie die Zügel zunächst nur um wenige Zentimeter verlängern, die Leichtigkeit erhalten oder wiederherstellen, und dann die Zügel wieder ein wenig länger lassen.

TIPP

Allen Pferden fällt die Biegung oder die Dehnung auf einer Seite leichter. Wenn Ihr Pferd auf das Längerlassen des Zügels nicht mit der gewünschten Dehnung reagiert, können Sie dafür eine Hilfe installieren: Wenn Sie beide Hände leicht in die Breite und etwas in die Höhe bewegen, wird das Pferd als Reaktion sein Maul nach vorwärts-abwärts bringen. Begleiten Sie die Bewegung, loben Sie unmittelbar und wiederholen Sie das einige Male.

Über Dehnung in die Biegung

Manchen Pferden fällt es schwer, sich zu biegen, weil die Dehnung der äußeren Körperhälfte nahezu unmöglich erscheint. Das muskuläre Ungleichgewicht im Körper des Pferdes auszugleichen, erfordert Geduld und häufige Wiederholung auf beiden Seiten. Manchen Pferden gelingt es leichter, über die Dehnung in die Biegung zu kommen.

DAS PFERD

Durch biegende Arbeit die Dehnung verbessern zu wollen, kann bei Pferden scheitern, die sich im Hals- und Schulterbereich festhalten. Sie verkürzen in der Wendung die Innenseite des Halses vermehrt und schließen das Genick. Also ist es sinnvoll, Schritt für Schritt vorzugehen.

DER REITER

Reiten Sie Ihr Pferd auf einem Zirkel in der gewünschten Gangart vorwärts, halten Sie gleichmäßigen Kontakt zum Pferdemaul und erhalten Sie die Mobilität des Unterkiefers. Während Sie über die Biegung in die Dehnung reiten, können Sie bei Pferden, die sich nicht so leicht loslassen, erst in Dehnungshaltung reiten und dann durch gefühlvolles Längerlassen des äußeren Zügels die Dehnung noch verstärken. Dabei soll das Pferd den Hals nicht weiter absenken, sondern den Abstellwinkel vergrößern.
Unabhängig von der Linie kann die Biegung zwischen 45 und 90 Grad betragen. Auf diese Weise dehnt das Pferd die biegungsäußere Seite intensiv auf. Wechseln Sie häufig die Hand, dabei erst die Führung an dem jeweiligen äußeren Zügel und dann die Biegung herstellen. Erhalten Sie das Vorwärts und sitzen Sie in Bewegungsrichtung.

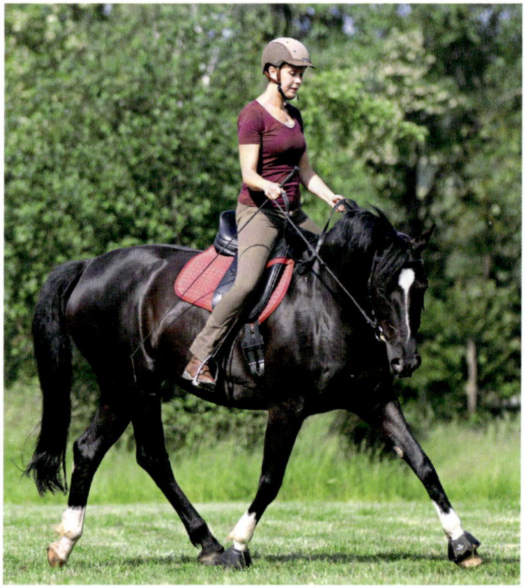

Die Dehnung wird durch vermehrte Biegung verstärkt.

BITTE BEACHTEN

- Achten Sie auf das Gefühl der Finger Ihrer äußeren Hand: Auf keinen Fall darf der äußere Zügel seine Führung verlieren und durchhängen.
- Ihre beiden Hände müssen gut abgestimmt und unabhängig voneinander arbeiten. Das bedeutet, dass Sie keinesfalls den Druck am inneren Zügel erhöhen, während der äußere Zügel nachgibt.

TIPP

Fühlen Sie die feinen Unterschiede in der Anlehnung und im Bewegungsfluss Ihres Pferdes, wenn Sie bewusst über Biegung in die Dehnung oder über Dehnung in die Biegung reiten. Wechseln Sie dabei die Hand und auch die Biegung in der Dehnungshaltung.

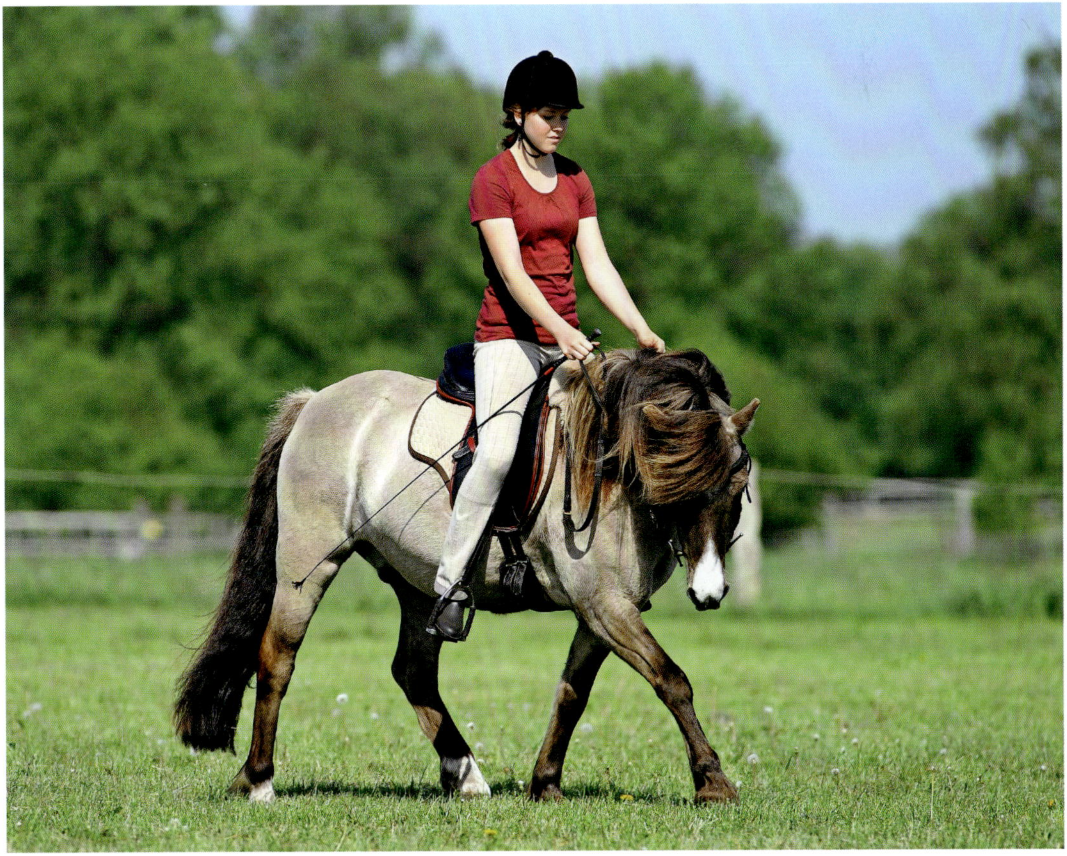

Stellen Sie erst die Führung am äußeren Zügel und dann die Biegung her.

Reiten in Dehnung

Ein Pferd soll in jedem Moment des Reitens dehnungsbereit und dehnungsfähig sein. Daran erkennen Sie, dass es die richtigen Muskeln in seinem Körper nutzt, um sich geschmeidig zu bewegen und Sie zu tragen. Vom Genick bis zu den Sprunggelenken soll es sich dehnen, seine Rücken- und Bauchmuskeln an- und entspannen.

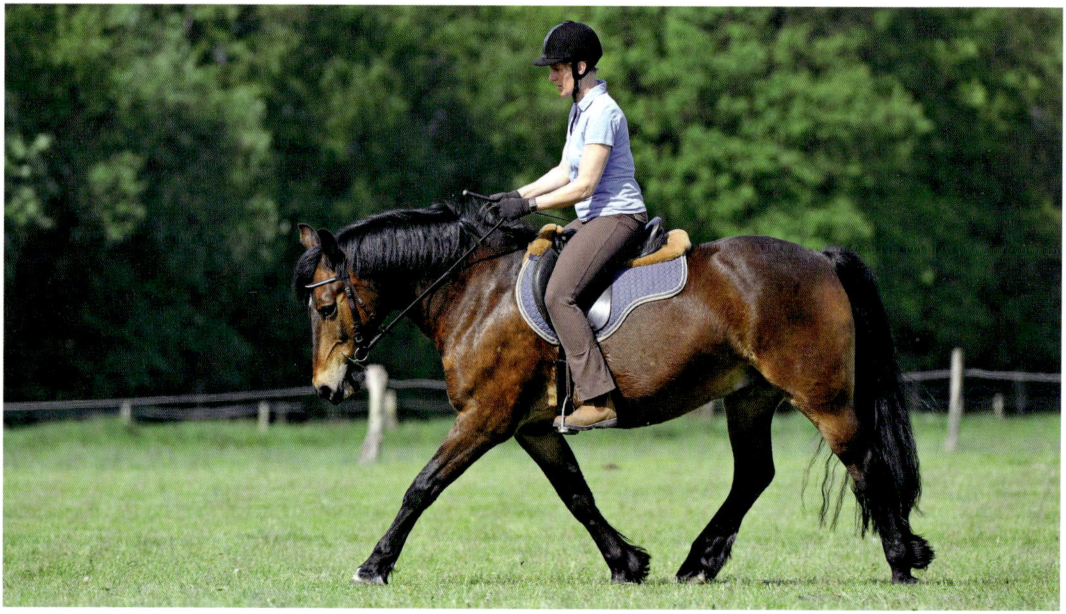

Gabriele darf Olly nicht zu tief in die Dehnung lassen, da er dazu neigt, sich dabei auf die Hand zu stützen.

DAS PFERD

Das Reiten in Dehnungshaltung, besonders im Trab, ist für Pferde einerseits kraftsparend, andererseits hilft es, die Muskulatur aufzubauen und zu kräftigen. Die Schubkraft wird erhöht. Das ist wichtig, weil sich ohne Schubkraft keine Tragkraft entwickeln kann. Sinnvoll ist es, zwischen verschiedenen Kopf-Hals-Positionen zu wechseln, und die Dehnung immer wieder zur Entspannung einzubauen. Die Nase bleibt vor der Senkrechten. Die Dehnungshaltung kann dem Aufwärmen, aber auch als Pause dienen.

DER REITER

Als Reiter können Sie Ihr Pferd in verschiedenen Weisen in Dehnung reiten. Sie bleiben in Ihrem Grundsitz und traben leicht. Sie verlängern nach und nach beide Zügel. Sie wollen dabei in leichtem Kontakt bleiben, das Pferd gegebenenfalls auch weiterhin biegen, was die Dehnung auf der Außenseite noch betont. Sollte die Dehnung zufriedenstellend sein, können Sie die Tritte auch ein wenig verlängern.

Es hat sich bewährt, die Hände als Signal zur Dehnung in die Breite anzuspannen und dann in Richtung Pferdemaul nach vorn zu bringen. So kann der Kontakt leicht und konstant bleiben.

Lassen Sie Ihrem Pferd Zeit, neue Signale zu erlernen. Häufiges Wiederholen und deutliches Lob beim Gelingen sind dann wichtig.

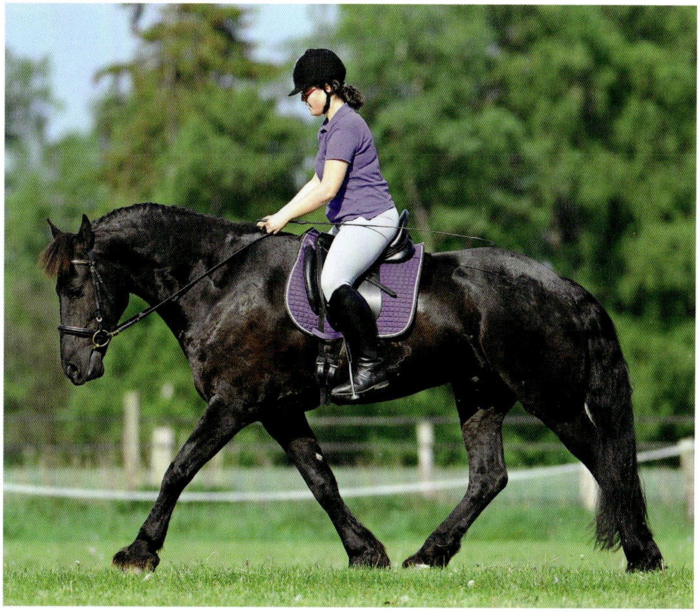

Carolin muss Bacardi daran erinnern, dass seine Nase vor der Senkrechten bleibt. Es ist wichtig, dass sie erst den Winkel in seinem Genick öffnet, um dann den Hals nach vorwärts-abwärts zu entlassen. Carolin unterstützt diese Hilfe durch entlastendes Leichttraben.

BITTE BEACHTEN

- Bleiben Sie in Ihrem Gleichgewicht, wenn Sie den Entlastungs- oder Springsitz unterstützend einsetzen. Behalten Sie dabei Ihre Unterschenkel vorn.

TIPP

Pferde, die während des Längerlassens des Zügels hinter die Senkrechte geraten, sollen ERST ihr Genick öffnen, BEVOR sie in die Dehnung entlassen werden. Sie müssen also lernen, zuerst das Genick zu öffnen und dann den Hals vorwärts-abwärts zu dehnen.

Geradeaus-Gebogen

Das in sich gerade gerichtete Pferd mit deutlicher Abstellung und Biegung des Halses zu reiten, hat einen französischen Ursprung. Mit dieser Übung, eingebettet in rege Handwechsel, mobilisieren Sie den Schultergürtel Ihres Pferdes und verbessern die Biegungs- und Dehnfähigkeit.

DAS PFERD

Das Besondere an dieser Übung ist, dass das Pferd in sich gerade gerichtet geradeaus geht und dabei unabhängig von der Spur der Beine mit seinem Hals in 90 Grad Biegung abgestellt wird. Im Westernreiten werden die Pferde bis zu 120 Grad abgestellt, andere klassische Ausbilder lassen das Pferd dabei nur bis zu einer Abstellung von 45 Grad gehen. Ich habe gute Erfahrungen damit gemacht, den Hals des Pferdes im Schritt in einem rechten Winkel und im Trab auf 45 Grad abzustellen.

DER REITER

Der Reiter sitzt mittig mit entspannter Gesäß- und Beinmuskulatur, treibt gleichmäßig mit beiden Schenkeln und unterstützt das Vorwärts gegebenenfalls durch den Einsatz der Gerte. Der Blick geht geradeaus und damit in Bewegungsrichtung, während die Hände das Pferd durch die Zügelhilfen in die Biegung führen. Fassen Sie den inneren Zügel nach und heben Sie die innere Hand sanft an. Lassen Sie gleichzeitig den äußeren Zügel so lang, dass die Biegung zugelassen wird, und so kurz, dass Sie sich und Ihr Pferd dabei nicht in die Biegung wenden. Ihre Oberarme und Ellbogen bleiben am Körper und Ihr Brustbein zeigt in Richtung geradeaus.

Diese Übung ist für viele Reiter mit konventionellem Reitunterricht sehr fremd. Das kann ich gut nach vollziehen, da es mir auch mal so erging. Probieren Sie diese Übung aus. Spüren Sie nach, wie Ihr Pferd nach mehreren Handwechseln sein Gleichgewicht neu ausrichtet, wie es durch die Mobilisierung der Brust-, Bauch- und Schultermuskulatur weicher in der Anlehnung und leichter in der Reaktion auf die Hilfen wird. Diese Übung hält Ihr Pferd gesund.

TIPP

Als Folge der natürlichen Asymmetrie wird Ihr Pferd auf einer Hand mit den Schultern an die Wand drängeln. In diesem Fall ist es hilfreich, den äußeren Zügel an den Hals zu legen und den inneren Arm etwas zu öffnen. Auf der anderen Hand wird Ihr Pferd versuchen, mit der Schulter nach innen auszuweichen. Nun helfen Sie dem Pferd, indem Sie den äußeren Unterarm öffnen und so die äußere Hand breiter tragen. Wichtig ist, dass diese Seitwärtsbewegungen auf keinen Fall die Zugkraft auf das Maul verstärken.

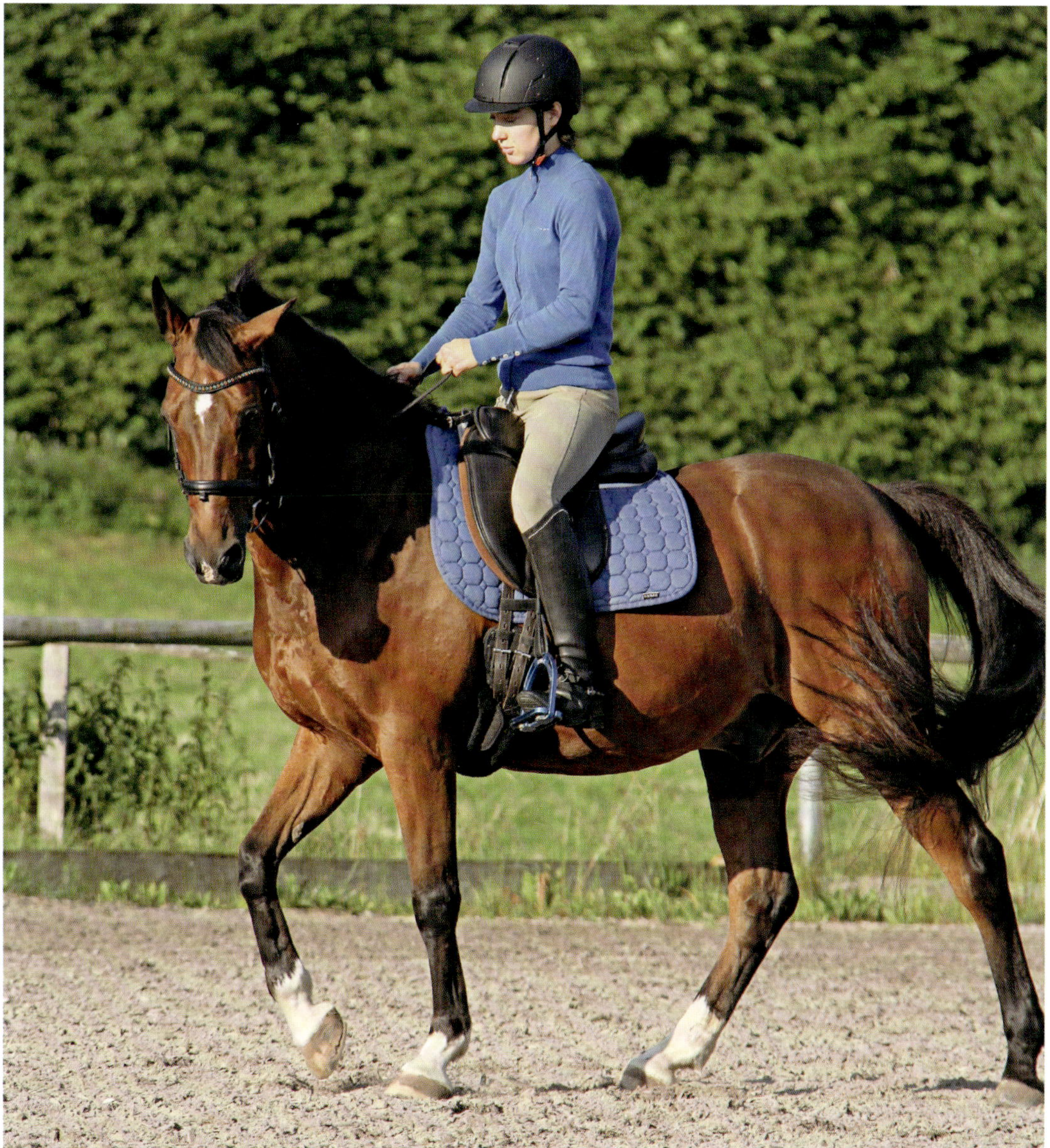

Die Beweglichkeit der Hals- und Brustkorbmuskulatur wird in dieser Übung besonders trainiert.

Auf dem Zirkel geritten

Der Zirkel ist rund. **Ein Zirkel ist die meistgerittene gebogene Linie, die der Reiter nutzt, um das innere Hinterbein zu aktivieren und die äußeren Muskelketten seines Pferdes zu dehnen. Verbunden mit regen Handwechseln kann das Reiten auf dem Zirkel entscheidend dazu beitragen, das Pferd in seiner Balance zu verbessern.**

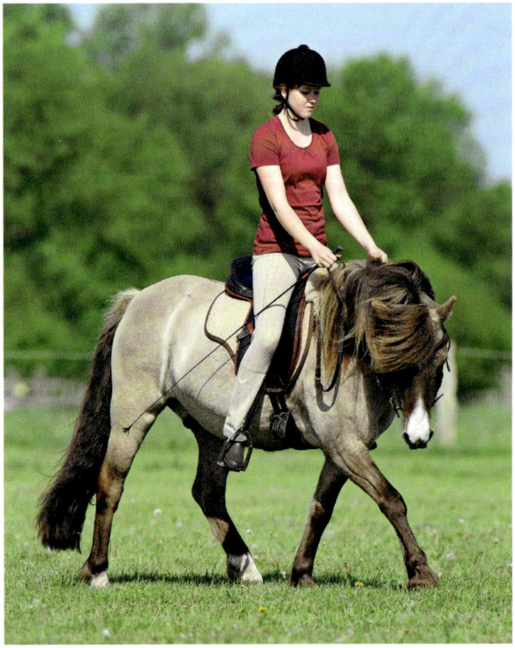

Julia nutzt die gebogene Linie, um Anton in deutlicher Halsbiegung zu dehnen. Sie bleibt mit dem Pferdekörper auf dem Kreisbogen.

DAS PFERD

Das Pferd soll mit allen vier Hufen die Zirkellinie spuren, das gilt auch, wenn Sie die Biegung deutlicher betonen. Die Pferdeschulter soll vor der Hinterhand bleiben und nicht ausweichen. Aufgrund der natürlichen Schiefe und ihrer Folgen ist dieses Ziel nicht leicht zu erreichen. Aber „schon der Weg ist das Ziel" – das Reiten auf dem Zirkel mit häufigem Handwechsel, in Innen- und Außenbiegung, in verschiedenen Tempi und Gangarten, in verschiedenen Kopf-Hals-Positionen wird die Lösungsphase und dabei das Gleichgewicht optimieren.

DER REITER

Passen Sie Ihren Sitz der Bewegungsrichtung an. Wenn Sie keine Umzäunung mit Bahnpunkten haben, planen Sie die Linie genau. Sie bestimmen den Weg, das Tempo und die Haltung des Pferdes. Ihr inneres Hüftgelenk und das innere Bein bleiben entspannt. Ihre Schultern und Ihr Kopf wenden sich in den Kreisbogen. Dieser „Drehsitz" beschreibt die Verwringung des Körpers, in der sich Becken- und Schultergürtel des Menschen unabhängig voneinander – gegengleich – bewegen. Behalten Sie beide Ellbogen

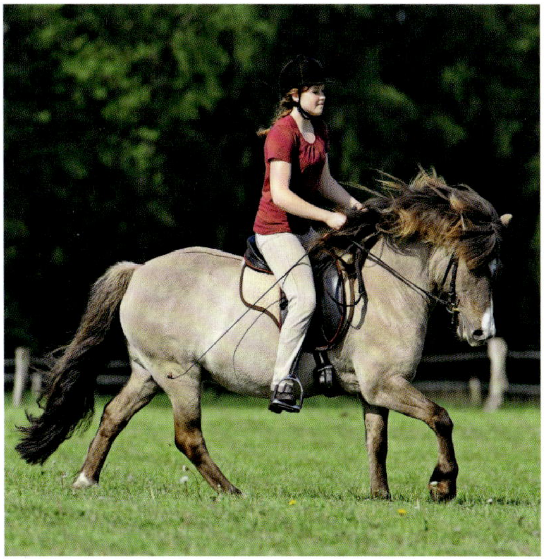

Egal, wo und in welcher Gangart Sie reiten, planen Sie die Größe Ihres Zirkels genau ein und folgen Sie der kreisrunden Linie.

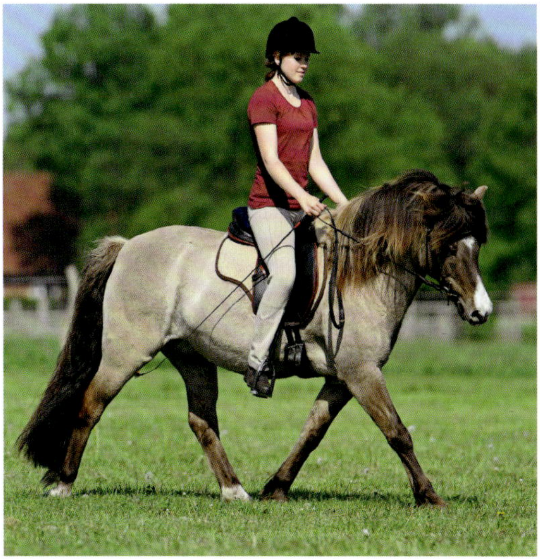

So nicht: Hier muss Julia darauf achten, sich selbst im Oberkörper mehr in die Bewegungsrichtung zu wenden, um Anton die Biegung zu erleichtern.

am Oberkörper, dieser bleibt aufrecht. Knicken Sie nicht in der Taille ein.
Verdrehen Sie dabei nicht Ihren Kopf. Erfassen Sie mit Ihren Augen die nächsten Meter Ihres Weges und lassen Sie Kopf und Oberkörper dem Blick folgen. Ihre Nase bleibt dabei stets über dem Brustbein in Ihrer Körpermitte.

BITTE BEACHTEN

- Achten Sie darauf, dass seitwärts weisende Hilfen immer leicht gegeben werden. Es sind kurze Signale, das bedeutet, dass jedem Annehmen sofort ein Nachgeben folgt. Wiederholen Sie die Hilfen geduldig, ohne den Druck zu steigern, länger anzunehmen oder gar Kraft einzusetzen.

TIPP

Fällt Ihr Pferd eher auf die innere Schulter, führen Sie wiederholt beide Zügel leicht nach außen, der innere Zügel wird kurz an den Hals angelegt und der äußere wird breit, richtungsweisend geführt. Belasten Sie dann, obwohl Sie auf dem Zirkel eigentlich innen sitzen sollen, mehr die äußere Seite und helfen Sie dem Pferd so, seine äußere Schulter selbst mehr zu belasten.
Fällt Ihr Pferd eher auf die äußere Schulter, nutzen Sie die Hilfen seitenverkehrt analog dazu. Traben Sie versuchsweise auf dem falschen Fuß, manchen Pferden hilft das sehr.

Handwechsel

Umdenken, umsitzen, umstellen, umbiegen, umfassen und auch das unbedingte Zügelnachfassen gehören zu jedem Handwechsel dazu. Planen Sie Ihre Linienführung genau und reiten Sie vorausschauend, denn der Wechsel selbst vollzieht sich besonders im Trab oder Galopp in Sekundenschnelle. Bei Bedarf wechseln Sie die Gerte vorher oder hinterher.

DAS PFERD

Während des Handwechsels bewegt sich das Pferd geschmeidig von der einen Hand auf die andere. In einer fließenden Bewegung wechselt es dabei die Richtung und Biegung. Es bleibt in seinem Gleichgewicht sowie in Rhythmus und Tempo, wie der Reiter es zuvor gefordert hat. Es bleibt in dem Kontakt und der Anlehnung, die der Reiter gewünscht hat, das kann in Beizäumung, in freier Kopfhaltung oder in Dehnung sein. Wichtig ist, dass die Schultern auch im Wechsel vor der Hinterhand bleiben und die Hinterbeine in die Spuren der Vorderbeine fußen.

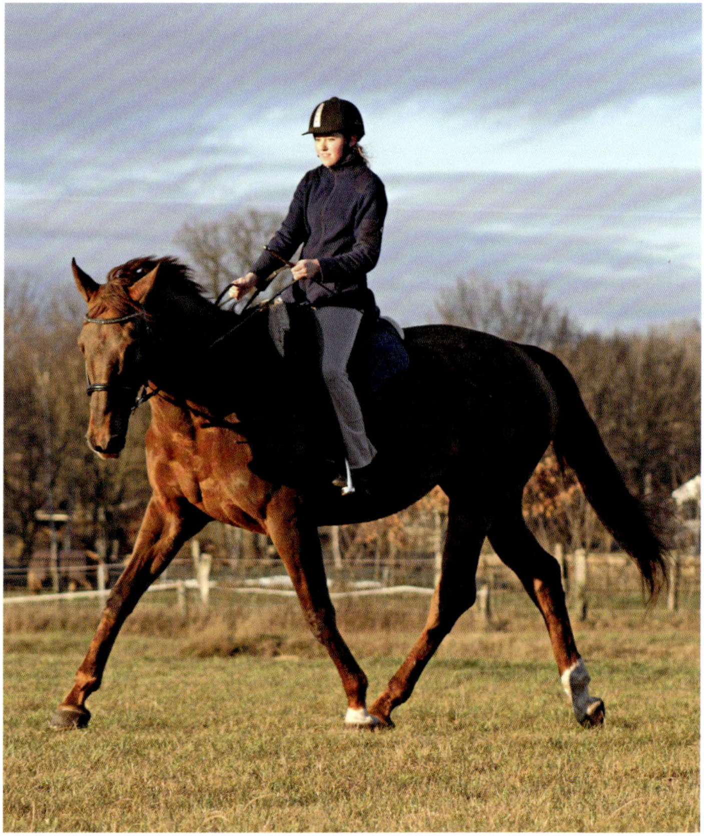

Fiona in der Linksbiegung. Es wird deutlich, dass die Stute von Natur aus ihre rechte Schulter mehr belastet. Julia führt den äußeren Zügel eng am Pferdehals, um dem entgegenzuwirken.

DER REITER

Reiten Sie den Handwechsel bewusst und zunächst Punkt für Punkt. Sie wollen die Hand wechseln: 1. Sie denken um, das „alte" Innen wird nun Außen und umgekehrt. 2. Sie wechseln die Blickrichtung in die neue Bewegungsrichtung. 3. Sie wechseln im Leichttrab den Fuß und währenddessen fassen Sie den neuen inneren Zügel nach und lassen den vormals inneren Zügel etwas länger, sodass auch nach dem Umstellen des Pferdes wieder beide Hände auf ihrer Position bleiben können und gleichmäßigen leichten Kontakt zum Pferdemaul haben. 4. Sie treiben gleichmäßig bei Bedarf.

BITTE BEACHTEN

- Mithilfe des Dreisatzes werden Sie erstaunliche Zahlen erhalten. Legen Sie ein Durchschnittstempo von 13 km/h im Trab zugrunde, dann braucht das Pferd für eine großzügig gerechnete Pferdelänge von fünf Metern 1,38 Sekunden. In dieser kurzen Zeit wollen Sie umdenken, umsitzen, umfassen und das Pferd umstellen, Sie lenken in die neue Richtung und auch noch die Gerte wechseln? NEIN.
- Bei triebigen Pferden wechseln Sie die Gerte besser vor dem Handwechsel, um nach dem Umstellen das neue innere Hinterbein aktivieren zu können. Im Allgemeinen wechseln Sie die Gerte, wenn der Hand- und Biegungswechsel vollzogen ist.

TIPP

Bei Pferden, die aufgrund ihrer natürlichen Schiefe mehr Gewicht auf eine Schulter verlagern, also auf einer Hand eher nach innen drängen und auf der anderen Hand gern nach außen weichen, beachten Sie Übung 14. Führen Sie die Zügelhände breiter und helfen Sie dem Pferd sich auszubalancieren, indem Sie Ihr Gewicht nicht automatisch am Wechselpunkt verlagern, sondern bei Bedarf etwas mehr auf das diagonale Beinpaar legen, da dies das Pferd weniger belastet.

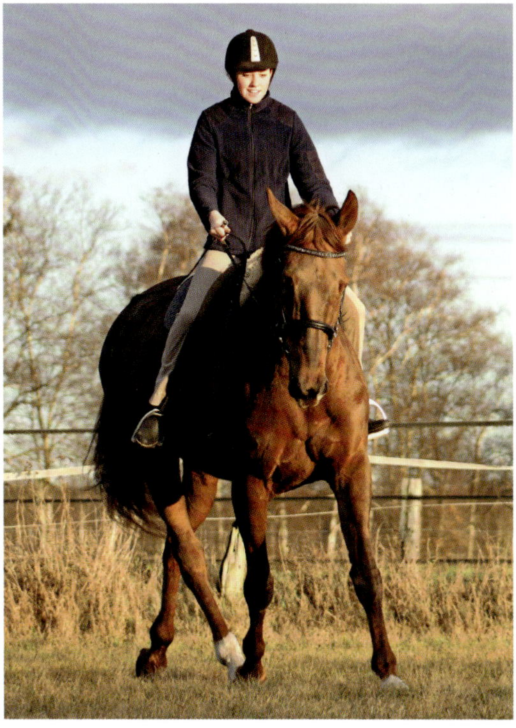

Fiona in der Rechtsbiegung. Sie belastet ihre rechte Schulter etwas mehr, Julia hilft ihr durch eine breiter geführte linke Hand. Julia müsste hier innen mehr nachgeben.

Volten

Volten sind kleine Kreisbögen, die je nach Größe und Ausbildungsstand von Pferd und Reiter zwischen vier und zwölf Metern Durchmesser variieren können. Turnierreiter sind angewiesen, je nach Klasse Volten von sechs, acht oder zehn Metern anzulegen. Volten werden vielfältig angewandt, auch um andere Lektionen zu unterstützen. Mit dem Reiten eines kleinen Kreisbogens aktiviert der Reiter das innere Hinterbein des Pferdes zum vermehrten Untertreten.

DAS PFERD

In der Volte soll sich das Pferd biegen und der Linie anpassen. Das ist anatomisch nicht möglich, daher ist das Ausrichten der Vorhand mittig auf die Spur der Hinterhand wichtig. Es ist normal, dass dem Pferd die Biegung auf einer Seite leichter fällt. In der Folge wird das Pferd auf einer Hand mehr auf die innere Schulter fallen, nach innen drängen und/oder mit der Hinterhand nach außen schwenken. Auf der anderen Hand hat es zu viel Gewicht auf der äußeren Schulter, läuft traversartig und erweitert die Linie nach außen.

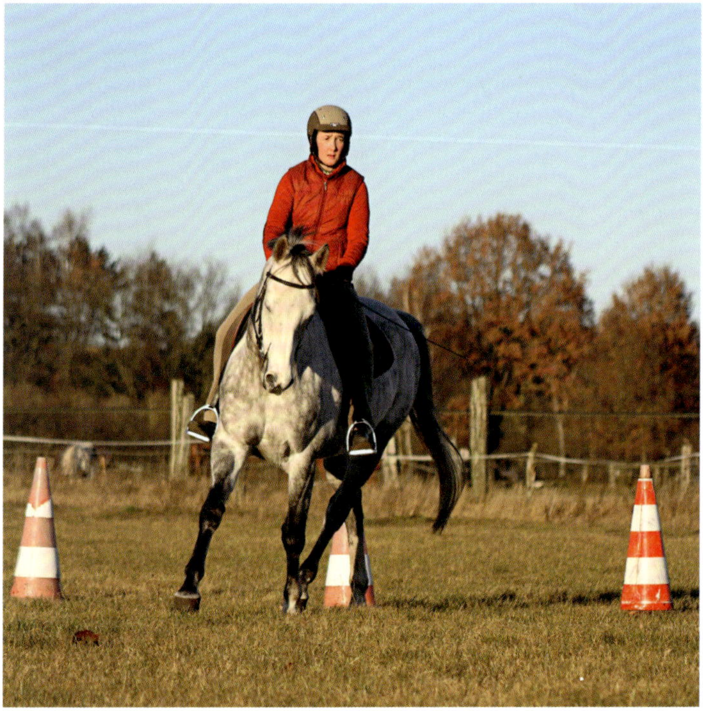

Volten sind kreisrund. Mithilfe der Kegel kann Susanne die Größe der Kreise leicht planen und sich auf Futuros Gleichgewicht konzentrieren.

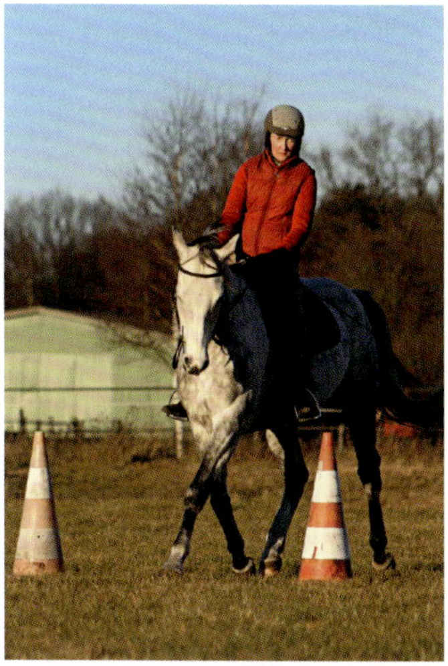

So nicht: An diesen Momentaufnahmen können Sie erkennen, dass Futuro nicht in seinem Gleichgewicht ist.

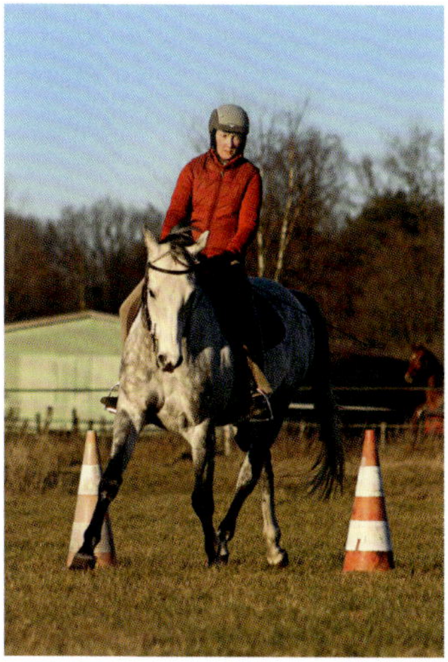

So nicht: Futuro belastet seine äußere Schulter mehr und schwankt etwas. Reger Handwechsel ist hier geboten.

TIPP

Fassen Sie vor Beginn der Volte innen etwas nach und heben Sie Ihre innere Hand leicht an, so verhindern Sie ein Zurückziehen.
Achten Sie auf eine gleichmäßige Biegung, sei sie der Linie entsprechend oder nach innen oder außen betont.
Reiten Sie Volten unter zwölf Meter Durchmesser im Aussitzen.

DER REITER

Der Reiter sitzt in Bewegungsrichtung. Seine Beine sind entspannt, besonders das innere Bein bleibt lang, die Hüfte bewegt sich frei vor (und zurück). Die äußere Schulter ist leicht vor-, die innere leicht zurückgenommen. Die Hände bleiben an ihrer Position, der innere Zügel wurde vor dem Abwenden in die Volte nachgefasst, der äußere etwas länger gelassen, ohne die Führung aufzugeben.
Geben Sie wiederholt etwas mit der inneren Hand nach, um den Vorwärtsimpuls der Hinterhand zuzulassen.
Wenn die Pferde alle Seitengänge kennen und sensibel auf die Schenkelhilfen reagieren, sollten die Schenkelhilfen mit Bedacht gegeben werden. Ich bevorzuge es, gleichmäßig weiterzutreiben, das äußere Bein maximal eine Handbreit zurückzulegen. Andernfalls kann das Pferd das Vorwärts auf der gebogenen Linie nicht vom vorwärts-seitwärts treibenden Schenkel unterscheiden.

BITTE BEACHTEN

- Nutzen Sie optische Hilfsmittel, gern auch in Blau und Gelb im Sinne der Dualaktivierung nach M. Geitner. So bekommen Sie zusätzliche Lerneffekte für Ihr Pferd und Verbesserung im Gleichgewicht.
- Stets gilt: Die innere Hand stellt und biegt, die äußere Hand lenkt. So verhindern Sie ein Herumziehen des Pferdes am inneren Zügel. Sitzen Sie innen und lassen Sie Ihre Beine entspannt.

Reiten in Außenbiegung ●●●

Das Pferd in Wendungen nach außen zu biegen hat hohen gymnastizierenden Wert. Gleichzeitig fördert es die Verlagerung des Gewichts von einer auf die andere Schulter. Mit dieser Art der Biegung arbeiten Sie an der Fähigkeit, beide Pferdeschultern gleichmäßig zu belasten und beide Körperseiten zu dehnen.

DAS PFERD

Das Pferd wird gebogen und wendet auf einem Kreisbogen in die entgegengesetzte Richtung. Nach und nach kann die Linie bis auf die Größe einer Volte verkleinert werden. Das Pferd lernt in Verbindung mit Hand- und Biegungswechsel auf beiden Körperhälften Gewicht aufzunehmen und die Dehnungsfähigkeit zu erhöhen.

DER REITER

Ich wähle das Beispiel, einen Zirkel auf der rechten Hand mit Linksbiegung zu reiten. Sie sitzen nach rechts und wenden in die gewünschte Richtung ab. Ihre Beine liegen am Gurt und treiben bei Bedarf. Die rechte Hand – die auf der Innenseite des Bogens – wird etwas entfernt vom Hals getragen. Dies ist der geöffnete Zügel, die Faust bleibt dabei aufrecht. Der linke Zügel wird an den Hals gelegt. Die meisten Pferde reagieren besonders gut auf diesen Zügel, wenn dieser nahe des Widerrists angelegt wird. Ganz wichtig ist es, diese Wendebewegung als sich wiederholendes Signal zu sehen. Auf keinen Fall dürfen Sie bei dieser Bewegung den Druck auf Ihre Finger erhöhen oder die gleichmäßige Verbindung zum Pferdemaul verlieren.

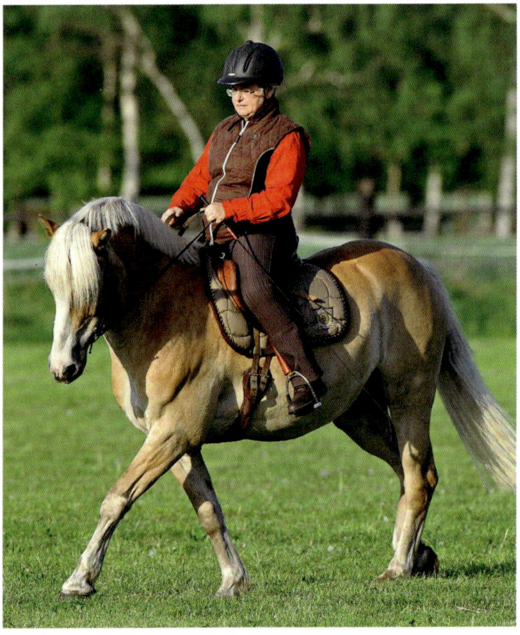

Rudi ist nach links gebogen, unsere Linie führt nach rechts. Es ist gut zu sehen, wie sehr sein Schultergürtel auf der äußeren Seite gedehnt wird. Je mehr ich meine rechte Hand vom Hals entferne, desto kleiner wird die Wendung nach rechts. Mein linkes Bein könnte entspannter sein.

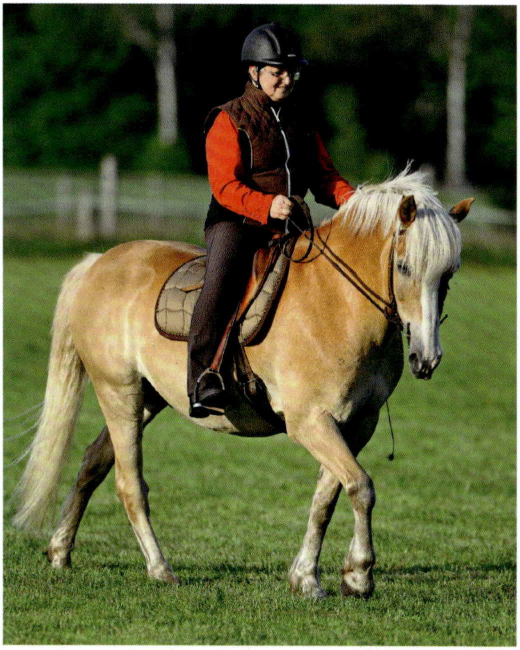

Rudi rechts gebogen in der Linkswendung: Meine linke Hand führt das Pferd nach links, während meine rechte Hand nach der Biegung fragt. Hier könnte ich mich etwas klarer in die Linkswendung drehen.

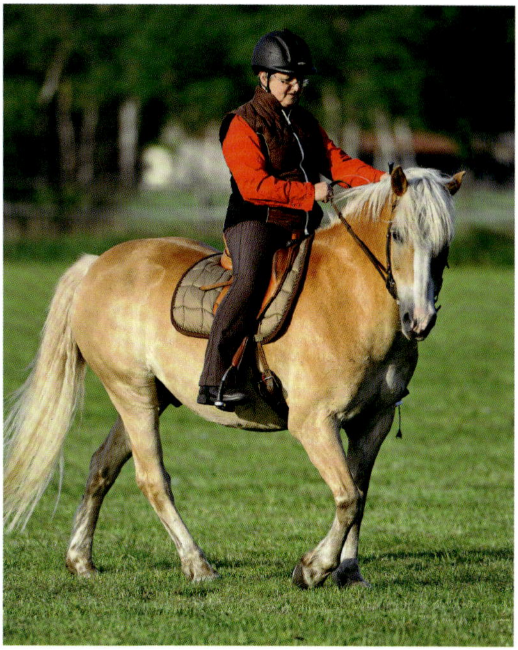

So nicht: Fälschlicherweise strecke ich in der Linkswendung den linken Arm nach vorn und drücke die rechte Hand gegen den Hals. Meine Hände sind nicht mehr nebeneinander, der Kontakt zum Pferdemaul verliert die Leichtigkeit.

BITTE BEACHTEN

- Legen Sie Ihr äußeres Bein nicht zurück, die Hinterhand weicht daraufhin nach innen aus. Behalten Sie beide Ellbogen am Oberkörper. Strecken Sie auf keinen Fall den inwendigen Arm nach vorn, dieser Zügel führt und bleibt im Kontakt.
- Die Hand, die den Zügel an den Hals legt (Neck-Reining) soll nicht über den Widerrist geführt werden. Falls Sie sich dabei erwischen, müssen Sie unbedingt den Zügel nachfassen.
- Kontrollieren Sie sich anfangs durch „Nachschauen“, später durch „Nachfühlen“.

TIPP

Bauen Sie diese Übung Schritt für Schritt auf. Zunächst reiten Sie Ihre Wendungen ohne jegliche Biegung. Halten Sie Ihr Pferd schnurgerade. Wenden Sie das Pferd, indem Sie sich in die Bewegungsrichtung setzen, die Beine am Gurt treibend und beide Hände seitwärts weisend einwirken lassen. Achten Sie darauf, dass diese Zügelhilfe sanft und gleichmäßig geschieht.

Schlangenlinien mit Biegungswechsel ●●●

Die Halswirbelsäule ist beweglicher als die restliche Wirbelsäule. Die meisten Muskeln eines Pferdes sind paarig angelegt, das bedeutet, dass es jeden Muskel sowohl rechts als auch links der Wirbelsäule gibt. Schlangenlinien gymnastizieren die Muskulatur rund um die Wirbelsäule in beide Richtungen. Sie fördern die Mobilität, Kräftigung und Dehnung.

DAS PFERD

Aufgrund seiner natürlichen Schiefe fällt jedem Pferd die Biegung in eine Richtung leichter. Es hat eine hohle Seite und eine Zwangsseite.
Als Beispiel: Ihr Pferd biegt sich leichter nach links und somit fällt es ihm schwerer, die Muskeln der linken Halsseite zu dehnen. Als Folge daraus kann es sich schwerlich nach rechts biegen. Durch das Reiten mit wiederholtem Biegungswechsel trainieren Sie beide Seiten Ihres Pferdes gleichmäßig mit häufigem Handwechsel. Damit fördern Sie das Gleichgewicht des Pferdes. Es lernt nach und nach beide Schultern gleichmäßig zu belasten und zu bewegen.

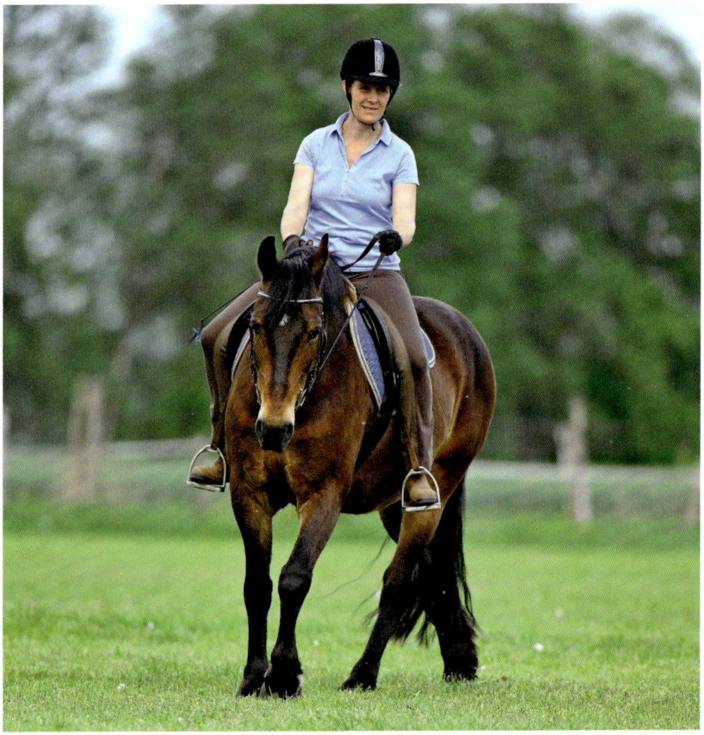

Gabriele baut auf dem großen Außenplatz beliebig viele Bögen in ihre Schlangenlinien ein. Sie biegt Olly dabei abwechselnd nach rechts und links.

DER REITER

Grundsätzlich sitzen Sie mittig. Sie verlagern im Rechtsbogen Ihr Gewicht nach rechts und im Linksbogen nach links. Achten Sie darauf, dass Ihr Becken rechts oder links mehr belastet wird. Auf keinen Fall kippen Sie mit Ihren Schultern zur Seite, denn dadurch bringen Sie Ihr Gewicht ungewollt eher nach außen als in Bewegungsrichtung.
Sie sitzen im Drehsitz, das heißt, Ihre Schultern bleiben im Lot über Ihren Hüften. Sie wenden dabei den Schultergürtel in die Richtung, in die Sie reiten wollen. Während des Handwechsels wenden Sie sich von der einen zu der anderen Seite.
Sie treiben gleichmäßig mit beiden Beinen. Bei Bedarf erinnern Sie Ihr Pferd an Fleiß mit der Gerte auf der inneren Seite. Behalten Sie die Schenkel am Gurt.

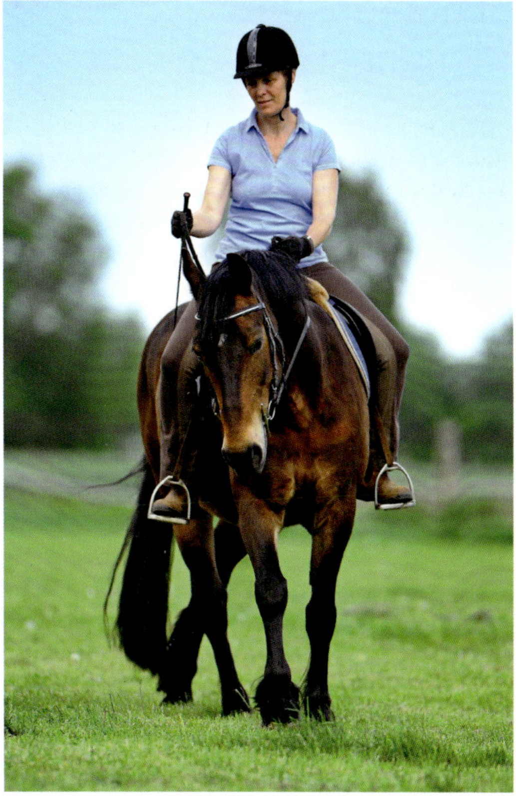

Olly in Biegung. Gabriele hat die Bögen sehr ausgeprägt angelegt. Sie biegt den Wallach deutlicher, als es die Linie vorgibt.

BITTE BEACHTEN

- Gestalten Sie die Biegungswechsel bewusst. Der vorher innere Zügel wird länger gelassen, er wird zum neuen äußeren Zügel, der die Führung erhält. Der vormals äußere Zügel gibt die Führung auf, wird nachgefasst und fragt dann als neuer innerer Zügel nach der neuen Biegung.
- Sie können den Biegungswechsel auch über die Dehnung reiten. Das ist sehr effektiv, erfordert jedoch ein reges Nachfassen und Längerlassen der Zügel. Wichtig ist, dass das Pferd über seine Körpermitte hinweg gleichmäßig geschult wird.
- Erhalten Sie stets ein frisches Tempo im Vorwärts.

TIPP

Es gibt so viel mehr als einfache Schlangenlinien an der langen Seite. Sie haben eine Fülle von Möglichkeiten, diese zu variieren. In der Halle oder auf dem Platz reiten Sie Schlangenlinien durch die Bahn, deren Bögen sehr bauchig angelegt sind – eher wie Serpentinen.

Schlangenlinien ohne Biegungswechsel ●●●

Nachdem Sie die ersten Schritte in Außenbiegung erfolgreich absolviert haben, können Sie Schlangenlinien reiten, ohne die Biegung zu wechseln. Ob Sie dabei in Innen- oder Außenbiegung beginnen, bleibt Ihrer Fantasie überlassen. Die Biegung bleibt gleich, das Gleichgewicht wird verschoben.

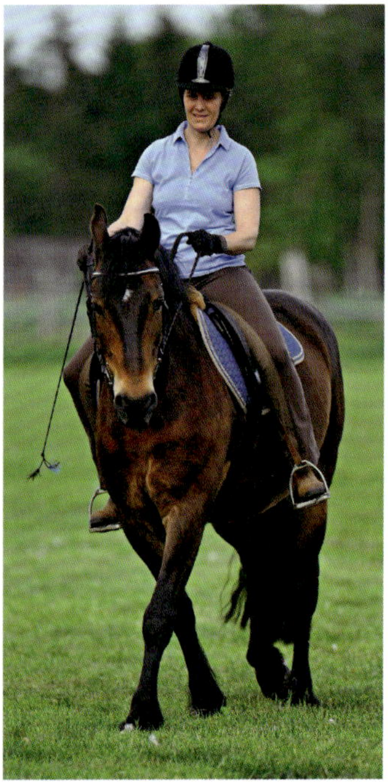

Gabriele reitet hier in Außenbiegung. Sie biegt Olly nach links, sitzt und wendet nach rechts auf eine Schlangenlinie ab.

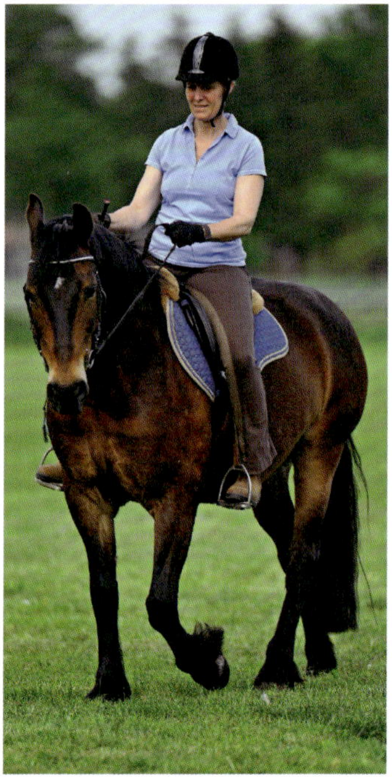

Gabriele belastet ihre linke Seite vermehrt und wendet Olly nach links. Beide behalten die Linksbiegung bei.

DAS PFERD

Beginnen Sie in der Biegung, die Ihrem Pferd leichter fällt. Das Pferd behält diese Biegung auf gebogenen Linien bei, auch wenn Sie die Bewegungsrichtung ändern. Es verlagert bei jedem Richtungswechsel sein Gewicht innerhalb des Schultergürtels. Das Besondere bei dieser Übung sind die Wechsel der Bewegungsrichtung, die ohne Biegungswechsel geritten werden. Dadurch wechselt das Pferd zwischen Innen- und Außenbiegung. Es ist wichtig, dass Sie diese Übung unbedingt in beide Biegungsrichtungen reiten und Ihr Pferd dabei beobachten. Die Seite, auf der Ihrem Pferd die Wendung in Biegung schwerer fällt, gilt besonderer Beachtung. Sie können mit flacheren Schlangenlinienbögen beginnen, die Sie nach und nach immer ausgeprägter reiten. So wird Ihr Pferd viel geschmeidiger werden.

DER REITER

Als Reiter sitzen Sie zumeist in der Bewegungsrichtung. Das bedeutet, dass Sie unabhängig von der Biegung in dem Bogen der Schlangenlinie innen sitzen. Ihre Beine treiben am Gurt und erhalten das Vorwärts. Die Gerte unterstützt die Hilfen bei Bedarf. Die Haltung Ihrer Arme bleibt „in Ihren Achsen" – als Grundposition tragen Sie Ihre Hände gleichmäßig etwas enger als Ihre Schultern breit sind.

In der Innenbiegung führen Sie die innere Hand etwas weg vom Hals, sie wird gegebenenfalls etwas angehoben, um die Biegung zu verbessern, ohne zu ziehen. Die äußere wird eher eng am Hals getragen.

Während des Richtungswechsels senken Sie die inwendige Hand, sie führt nun das Pferd weiter im Bogen. Die biegende, äußere Hand wird leicht angehoben. Sie hat unbedingt die Tendenz, nach vorwärts nachzugeben.

BITTE BEACHTEN

- Wichtig ist, dass beide Hände den gleichen Abstand zur Körpermitte haben. Menschen neigen dazu, eine Hand etwas mehr mittig, die andere Hand weiter außen zu tragen. Das ist nicht korrekt und für diese Übung sehr hinderlich.
- Wenn es Ihnen schwerfällt, die Hände nebeneinander zu lassen und nur wie ein Parallelogramm zu verschieben, reiten Sie die Schlangenlinie mit der querliegenden Gerte auf den Händen. Das kann eine große Hilfe sein.

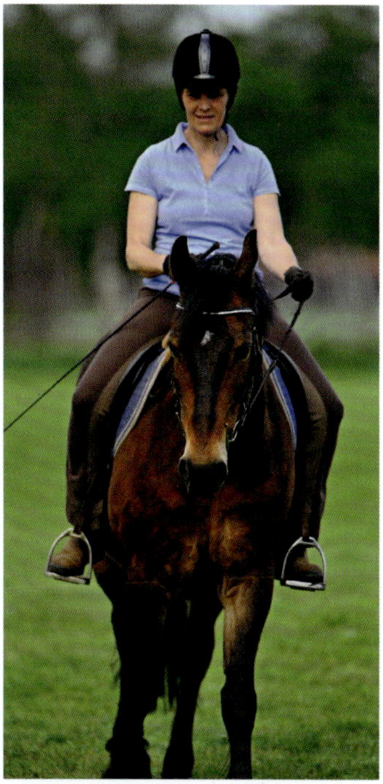

Hier belastet Gabriele ihre linke Seite vermehrt und wendet Olly nach links. Dabei behalten beide die Linksbiegung bei.

TIPP

Falls Ihr Pferd über die äußere Schulter ausweicht, wiederholen Sie die Hilfe des Neck-Reining mehrmals. Nie wird dabei der Druck auf das Maul verstärkt. Es ergibt keinen Sinn, die Hilfe, die nicht die gewünschte Reaktion des Pferdes erzeugt, noch zu verstärken. Ändern Sie die Vorgehensweise: Das Maul wird immer sanft dirigiert, und wenn nötig, nutzen Sie die Gerte unterstützend an der äußeren Schulter.

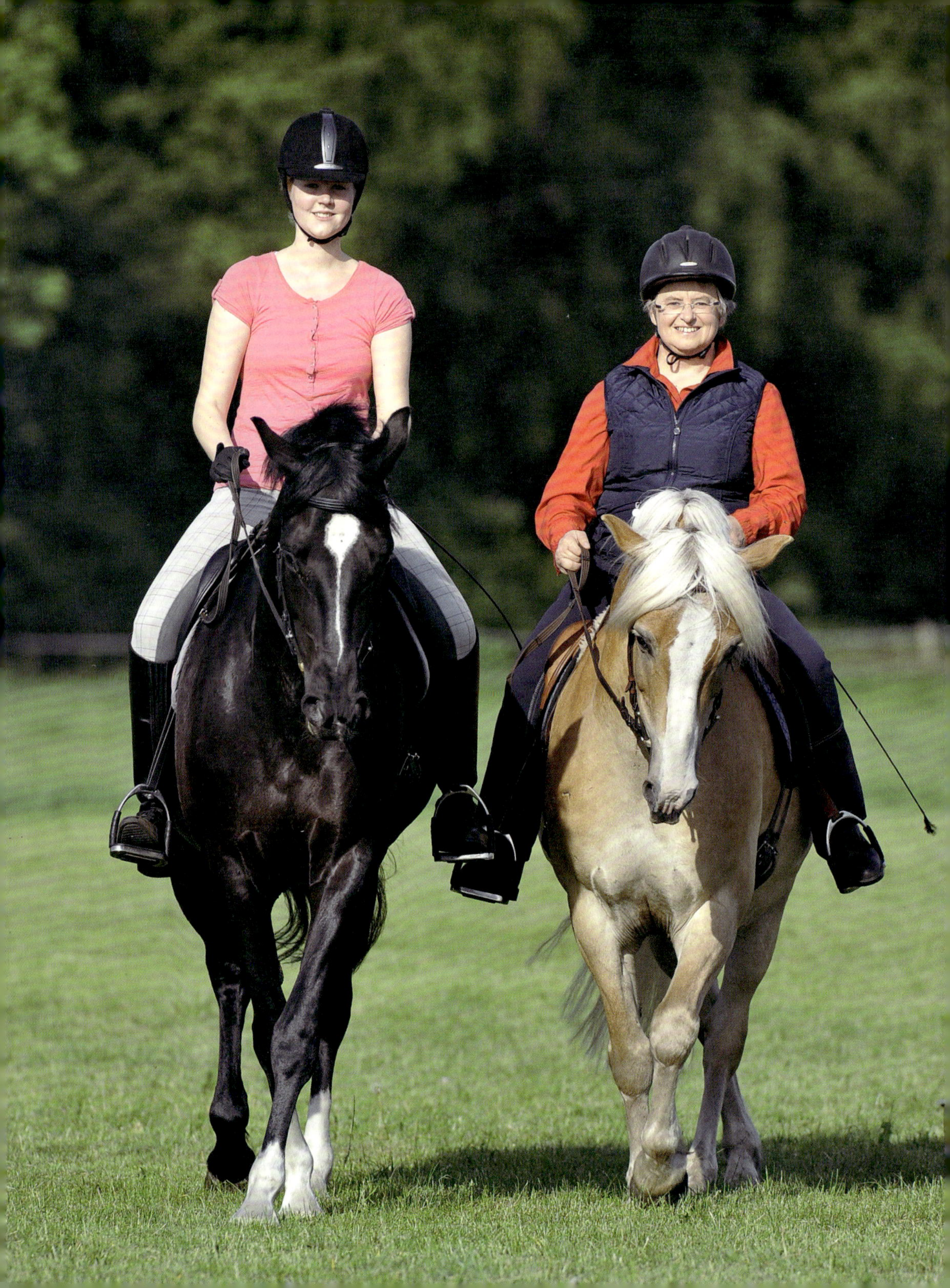

Übungen im Vorwärts-Seitwärts

Übungen im Vorwärts-Seitwärts sind DIE Lektionen, die ein Pferd aktiver, beweglicher und bewegungsfreudiger machen. Sie können die Lektionen, Seitengänge und Linien auf vielfältige Weise nutzen. Ich werde in diesem Buch zunächst die saloppe Kurzform „seitwärts reiten" nutzen, um den Einstieg zu erleichtern.

Wenn Ihr Pferd seine Beine kreuzen und abspreizen muss, werden einige Muskelketten an der Unterseite des Beckens aktiviert, die im Geradeaus wenig beansprucht werden. Dabei ist es zunächst unerheblich, ob Ihr Pferd deutlich kreuzt oder nur unter seinen Schwerpunkt fußt. Fachleute haben festgestellt, dass sich über eine bewegliche Hinterhand im Seitwärts über die Muskelketten der Wirbelsäule auch die Anlehnung des Pferdes verbessert. Das Pferd wird „ganzheitlich" geschult.
In den Seitwärtsbewegungen fangen Pferde häufig an, abzukauen oder zu schnauben. Sie lassen den Hals fallen, sind in der Wirbelsäule beweglich und runden ihr Genick, ohne ausdrücklich danach gefragt geworden zu sein. Nutzen Sie also die verschiedenen Seitwärtsbewegungen und Seitengänge, um die Hinterhand Ihres Pferdes zu aktivieren, den Kontakt zum Pferdemaul zu verbessern und die Kopf-Hals-Position zu optimieren. Sie lernen das Seitwärts am besten zu Fuß. Halten Sie Ihre Hände, als würden Sie auf dem Pferd sitzend die Zügel tragen, nehmen Sie Ihre Gerte mit und üben Sie die notwendigen Hilfen im Gehen, später auch im Laufen. Beobachten Sie Ihren Körper genau. Sie treiben automatisch seitwärts, wenn sich Ihre Hüfte in der Bewegung senkt. Sie lernen so, Ihren Oberkörper richtig zu wenden und kommen auch mit Ihrer Zügelhaltung besser zurecht. Das Laufen hilft Ihnen, sich der gesamten Hilfengebung bewusst zu werden.

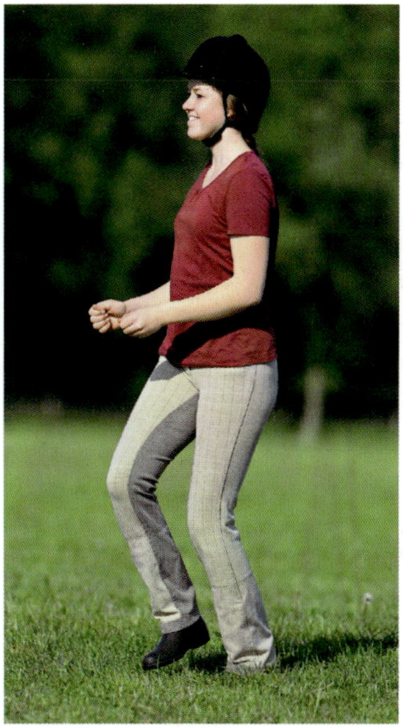

Julia übt das Seitwärts zu Fuß. Sie kreuzt ihre Beine und wendet den Oberkörper. Sie blickt über den imaginären Pferdehals hinweg in die gleiche Richtung wie „ihr Pferd".

SEITENGÄNGE

Die Seitengänge, besonders das Schulterherein, gelten als das „Aspirin der Reiterei". Auch wenn das Erlernen und das Üben vielen Reitern schwerfällt und sich immer mal wieder Fehler einschleichen: Hinterher sind die Pferde geschmeidiger, durchlässiger und schwungvoller. Ich möchte Ihnen Mut machen, denn schon der Weg ist das Ziel.

Seitengänge verbessern die Hankenbeugung und Versammlungsfähigkeit Ihres Pferdes. Dazu sind sie einzeln oder in Kombination miteinander geritten bestens geeignet, um das Pferd in seinem Gleichgewicht zu verbessern und gerade zu richten. Mit entsprechender Übung können später alle Seitengang-Varianten mit dem versammelten Pferd geritten werden.

Im Schulterherein muss das Pferd mehr Last auf das innere Hinterbein aufnehmen und trägt vermehrt Gewicht auf seiner äußeren Schulter. Im Travers muss das äußere Hinterbein mehr tragen und das Pferd bewegt sich über die innere Schulter. Somit werden Wechsel zwischen Schulterherein und Travers oder Schulterherein und Renvers zur gymnastizierenden

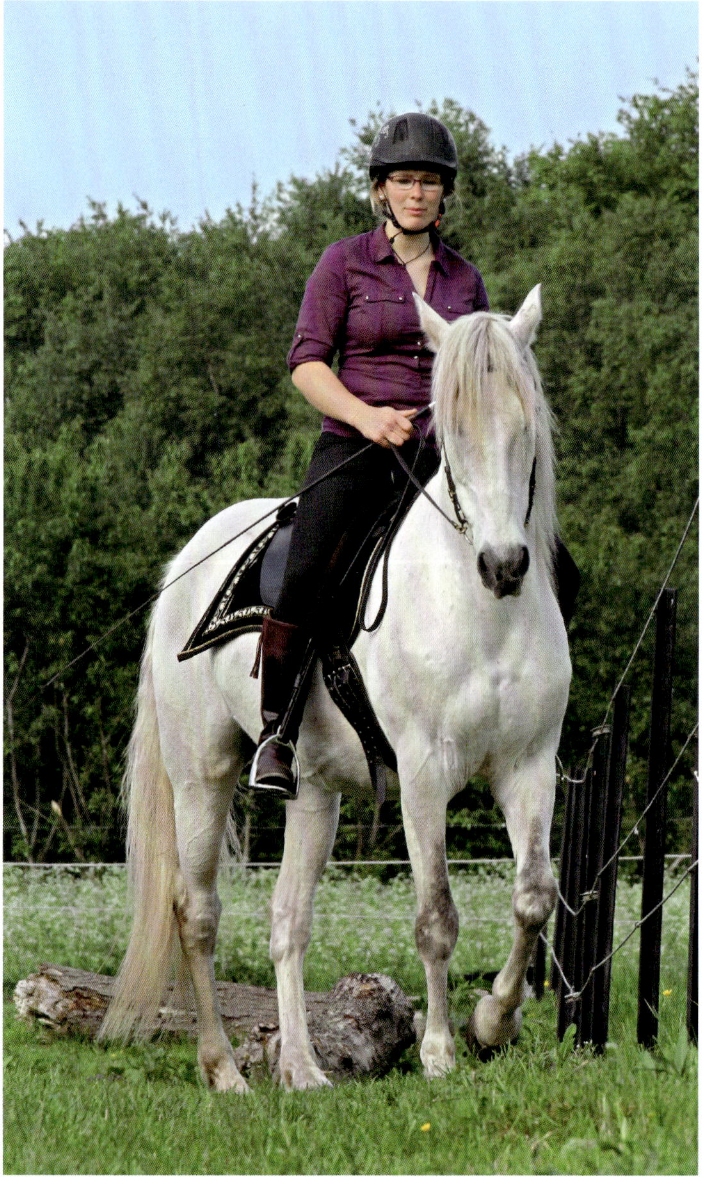

Das Pferd bewegt sich in …

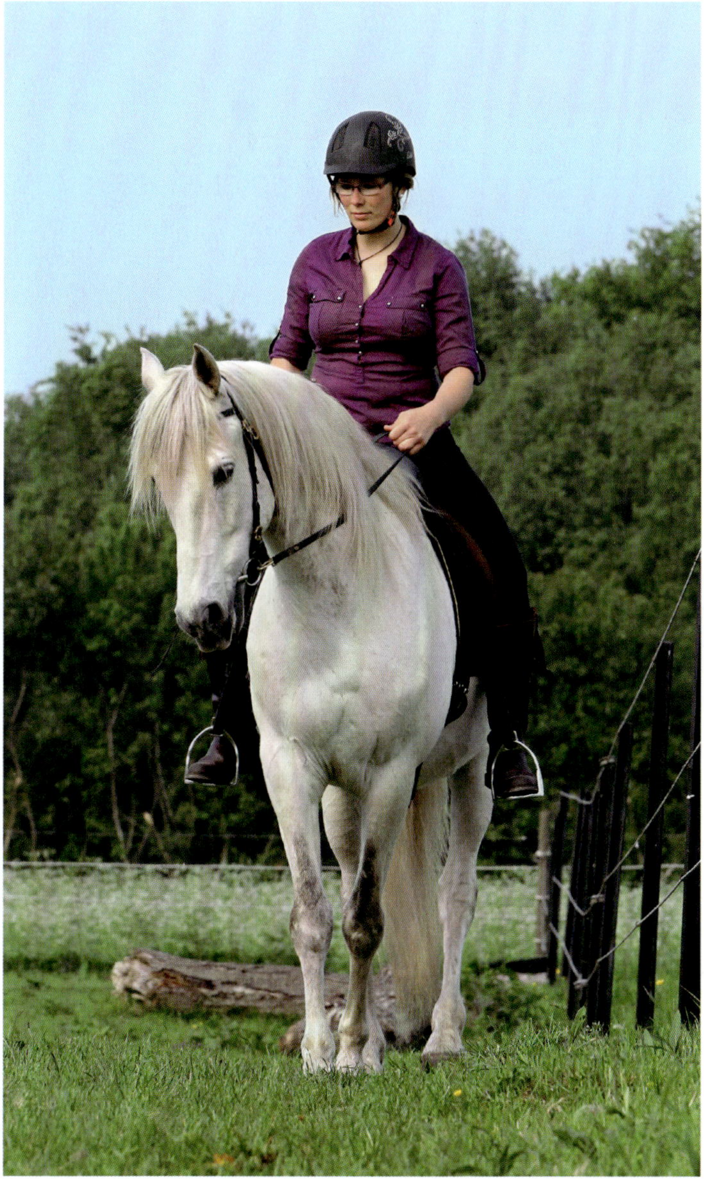

... oder gegen die Biegungsrichtung.

TIPP

Während in der konventionellen Reitlehre und in der Aufteilung der FN die Seitengänge erst ab der Klasse M verlangt werden, stufen die alten Reitmeister, Vertreter der klassisch-barocken Reitweise und die Reiter in der Légèreté, die Seitengänge als lösende, gymnastizierende und versammelnde Übungen ein.

Herausforderung für Pferd und Reiter. Beide werden in ihrer Konzentration, Koordination und ihrem Gleichgewicht geschult. Wenn Sie die Hinterhand Ihres Pferdes in Vorwärts-Seitwärts-Bewegungen mobilisieren und aktivieren, ist es für den Bewegungsfluss innerhalb des Tempos und für den Bewegungsumfang ganz wichtig, dass Sie mit kleinen Hilfen die Schultern Ihres Pferdes auf die Hinterhand ausrichten bzw. nach links oder rechts verschieben können. Erst dann bekommen die Seitengänge die gewünschte Leichtigkeit, unabhängig davon, ob Sie sie im Rahmen der Lösungsphase im Leichttraben oder in der Arbeitsphase im Aussitzen reiten.

Abwenden – Halten

Um seitwärts reiten zu können, **muss zuvor entweder die Schulter oder die Hinterhand seitlich versetzt werden. Erst danach kann die eigentliche Seitwärtsbewegung beginnen. Hier bereiten Sie ein Schulterherein-artiges Seitwärts vor, indem Sie Schulterkontrolle und durchlässige Schritt-Halten-Übergänge kombinieren. Damit verhindern Sie das Entstehen vieler gängiger Schwierigkeiten.**

DAS PFERD

In diesem Bewegungsablauf lernt das Pferd, seine Schultern seitlich zu verlagern und damit seinen Schwerpunkt in Richtung Hinterhand zu bringen. Aufgrund der natürlichen Mehrbelastung einer Schulter wird diese Übung zu einer Seite viel leichter fallen als in die andere Richtung.

Während die Hinterhand auf der ursprünglichen Linie bleibt, bewegt das Pferd seinen Schultergürtel zu einer Seite bis zu einem Abstellwinkel von 35 bis 45 Grad und hält dort an.

DER REITER

Grundsätzlich sitzen Sie mittig. Sie erhalten den Fleiß Ihres Pferdes und gleichzeitig reiten Sie bedachtsam Schritt für Schritt. Lassen Sie sich ausreichend Zeit.

Um Ihr Pferd nach links abzuwenden, verlagern Sie Ihr Gewicht etwas nach links und wenden Ihren Oberkörper, indem Sie die rechte Schulter etwas vornehmen. Ihr linkes Bein liegt locker am Gurt, Ihr rechter Schenkel treibt am Gurt. Ihre Hände bewegen Sie wie ein Parallelogramm nach links, dabei kommt die rechte Hand nahe des Widerrists an den Hals, die linke Hand entfernt sich etwas vom Hals.

Das Signal des „Neck-Reining“ wird bei Bedarf mehrfach wiederholt. Wenn Ihr Pferd den geplanten Abstellwinkel erreicht hat, halten Sie es dort an. Während der Parade bleiben Ihre Hände in der Position, die Sie brauchen, um das Pferd im Stand zu halten.

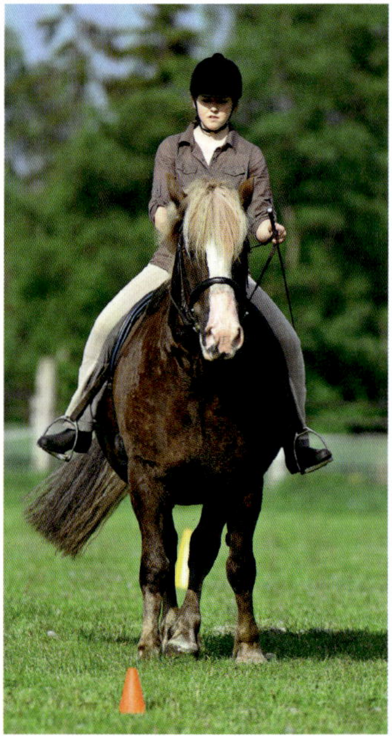

Felix soll seine Schulter nach links bringen. Julia legt dazu den äußeren Zügel an den Hals an und öffnet die innere Hand. Sie unterstützt das Abwenden der Schulter, indem sie mit ihrem rechten Schenkel am Gurt treibt.

BITTE BEACHTEN

- Achten Sie darauf, dass die Bewegungen der seitwärts-weisenden Hände reine Seitwärtsbewegungen sind. Sie behalten die leichte Anlehnung bei. Der Druck auf das Maul darf dabei nicht höher werden.
- Wiederholen Sie das Signal mehrfach, ohne den Krafteinsatz zu erhöhen. Verstärkter Zug am Zügel, oder gar eine Hand, die über den Mähnenkamm drückt, ist unangebracht.
- Fassen Sie bei Bedarf die Zügel nach. Das Pferd muss die Hilfen zum Seitwärts und zur Parade voneinander unterscheiden können.

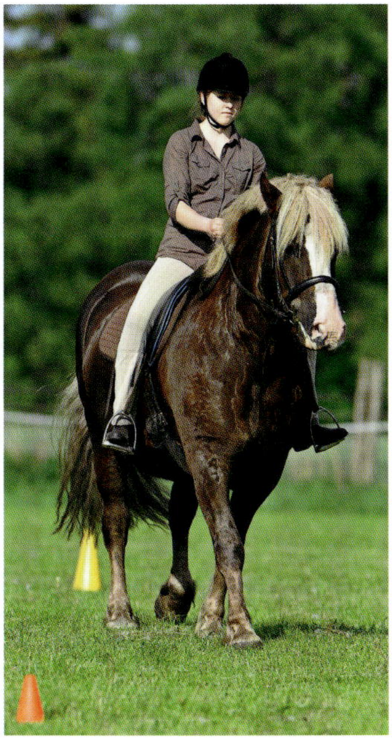

Um Felix' Schulter zu verlagern, hat Julia ihre Hände auf gleicher Höhe nach links verschoben. Sie wendet ihren Oberkörper in die gleiche Richtung wie ihr Pferd, so als wollte sie ein Tablett nach links tragen.

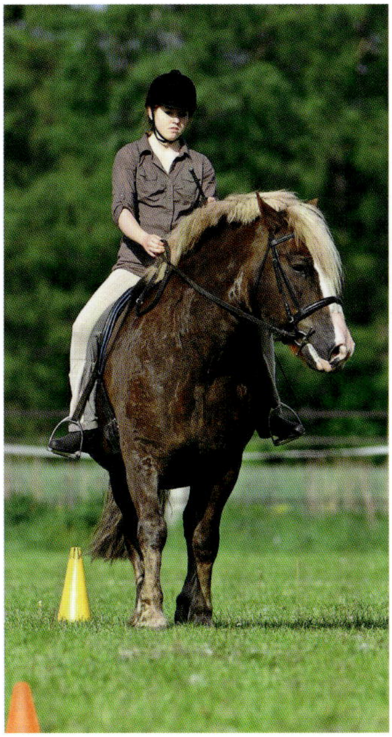

So nicht: Hier zeigt Julia einen weitverbreiteten Fehler. Sie hat den Druck am inneren Zügel erhöht und zieht damit den Kopf nach links. Felix' Schulter bleibt unbeeinflusst; er geht weiter mit dem Körper ungebogen geradeaus.

TIPP

Beginnen Sie das „Abwenden-Halten" zunächst ohne Biegung. Halten Sie Ihr Pferd dabei schnurgerade. So verhindern Sie, dass Sie versehentlich am inneren Zügel zu viel tun. Nehmen Sie die Biegung erst hinzu, wenn die Übung mit geradem Körper reibungslos gelingt.
Wiederholen Sie diese Übung mehrere Male auf beiden Seiten, bis minimale Hilfen ausreichen, um das Pferd zu bewegen und anzuhalten.

Übertreten auf der Geraden ●●●

Seitwärts zu reiten ist anfänglich mühselig. Aber auch nach manchen Fehlversuchen werden Sie feststellen, dass sich Ihr Pferd trotzdem verbessert. Die Anlehnung wird leichter, Schubkraft und Aktivität nehmen zu. Damit ist klar: Sie sind auf dem richtigen Weg. Nehmen Sie sich Zeit für diese Grundübungen, dann fallen später alle weiteren Seitengänge umso leichter.

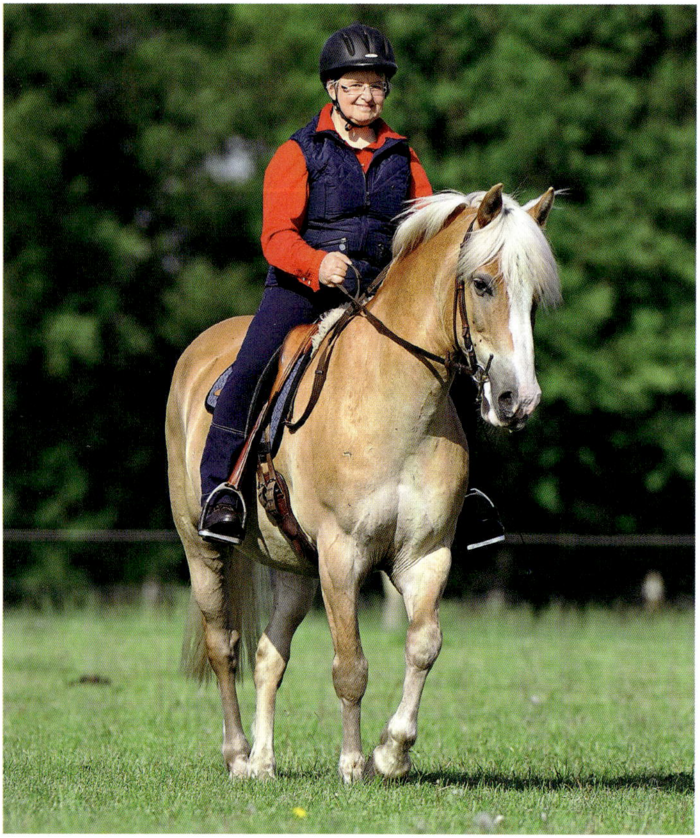

DAS PFERD

Das Pferd bewegt sich Schritt für Schritt vorwärts-seitwärts. Das weichende Hinterbein fußt unter den Körperschwerpunkt, das innere Vorderbein tritt vor das äußere Vorderbein. Diese Bewegungen sind nur möglich, wenn die Abstellung maximal 45 Grad beträgt. Das Pferd schreitet fleißig und es folgt dem treibenden Schenkel. Zunächst ist der Rhythmus jedoch langsam, um Ihnen und dem Pferd Zeit zur Verfeinerung der Hilfen zu geben. Bedenken Sie, dass Ihr Pferd auch im ruhigen Tempo fleißig sein kann.

Erste Schritte im Vorwärts-Seitwärts: Ich verlagere mein Gewicht in die Bewegungsrichtung und treibe Rudi seitwärts.

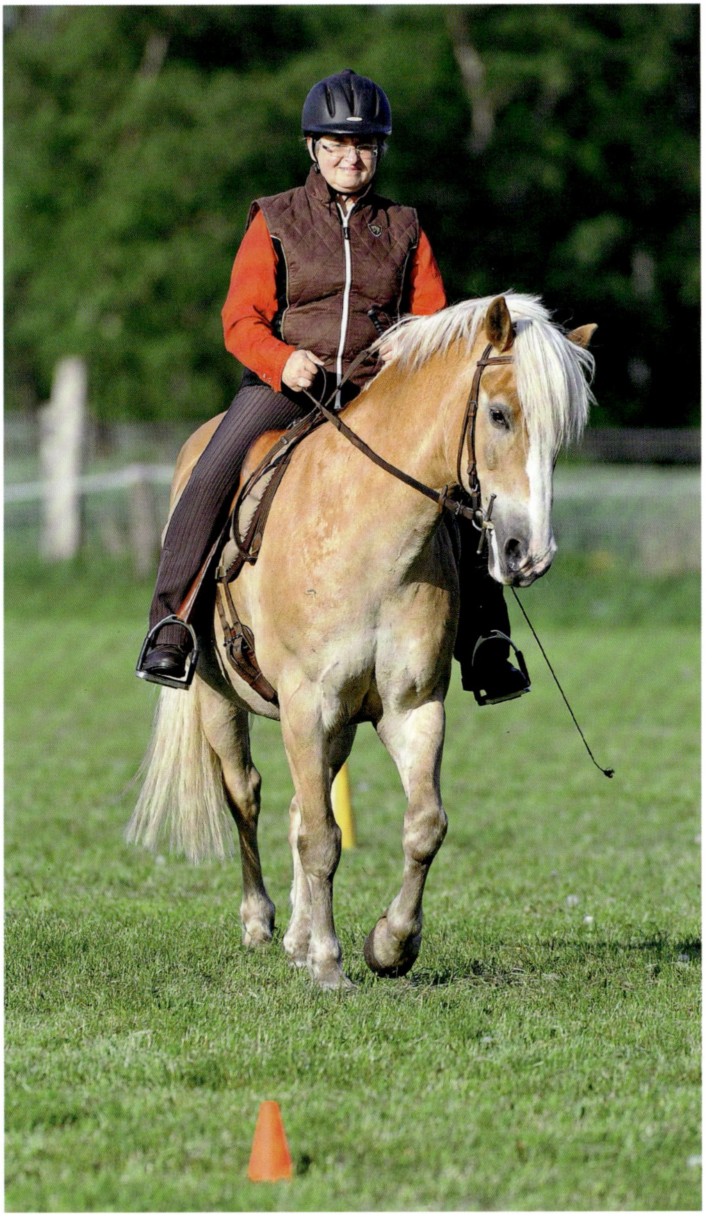

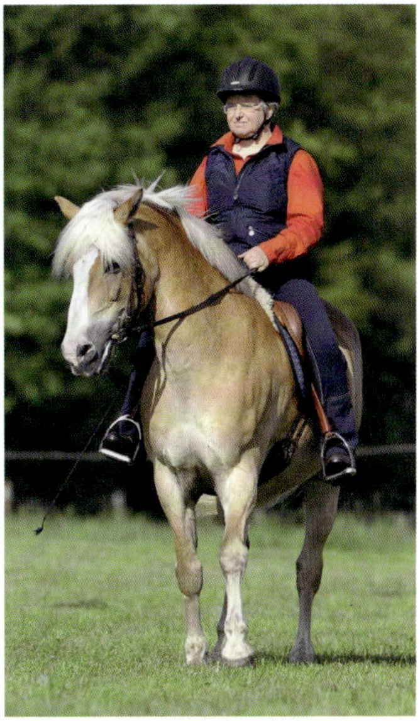

Jede Lektion sollte auf beiden Seiten trainiert werden.

Das Ziel ist eine Schulterherein-artige Vorwärts-Seitwärts-Bewegung auf drei Hufschlägen in leichter Biegung.

TIPP

Beginnen Sie mit Übergängen zwischen Schritt und Halten sowie dem Abwenden und Halten.
Buck Brannaman sagt: „Reiten gelingt, wenn Sie in jeder Gangart und jeder Lektion die Kopf-Hals-Position, den Schultergürtel und die Hinterhand unabhängig voneinander beeinflussen können."
Erst wenn das Anhalten durchlässig in jeder gewünschten Abstellung gelingt, treiben Sie Ihr Pferd mit allen Hilfen seitwärts. Falls es nicht funktioniert, halten Sie erneut an. Während Sie halten, überprüfen Sie den Bewegungsablauf und die Hilfengebung, und starten erneut. Bleiben Sie entspannt.

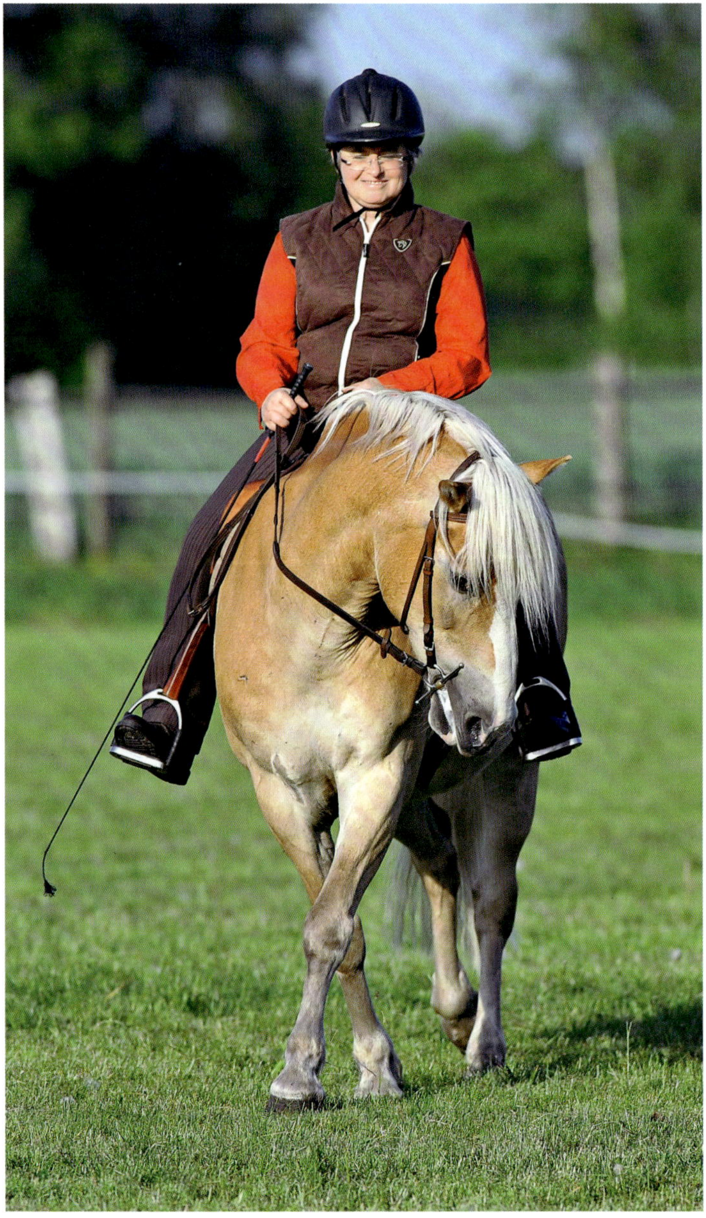

So nicht: Aufgrund zu starker Einwirkung am inneren Zügel verliere ich die Kontrolle über den Weg und die Abstellung. Als Folge strecke ich meinen äußeren Schenkel weg. Rudi weicht mit der äußeren Schulter aus und geht nicht mehr seitwärts.

DER REITER

Die Anforderungen an die Koordination des Reiters sind im Seitwärts besonders hoch. Anfänglich sind die Hilfen sehr komplex, weil viele Aufgaben gleichzeitig zu erfüllen sind.
Sie sitzen zunächst mittig und passen sich der Schrittbewegung an. Sie verlagern dann Ihr Gewicht in die Bewegungsrichtung. Damit verdeutlichen Sie dem Pferd, dass es dem Schwerpunkt folgen soll, indem es seitwärts weicht.
Sollte Ihr Pferd eher seitwärts eilen, als rhythmisch zu schreiten, bleiben Sie mittig oder etwas mehr innen sitzen.
Das innere Bein liegt am Gurt und treibt seitwärts. Der äußere Schenkel liegt am Pferd. Er hat nur die Aufgabe, bei Bedarf den Vorwärtsimpuls des Pferdes zu erhalten, sollte Ihr Pferd rückwärts ausweichen wollen.
Die äußere Zügelhand hat verschiedene Positionen und Aufgaben: Sie liegt am Hals und wendet die Schulter nach innen (Schulterkontrolle).
Die Position der Hand wird neutral, wenn Sie mit der Abstellung zufrieden sind.
Die Zügelführung wird breiter und bringt die Schulter wieder zurück, falls das Pferd über 45 Grad hinaus wendet. Die Finger sind beweglich und erhalten die Beweglichkeit des Unterkiefers. Gemeinsam mit der inneren Hand verhindert sie ein Vorwärtsstürmen des Pferdes. In diesem Fall geben Sie Arrêts und senken danach die Hände wieder ab. Achten Sie dabei besonders auf Leichtigkeit im Kontakt. Halten Sie Ihr Pferd lieber an, bevor Sie sich festziehen.
Wenn Ihr Pferd deutlich nach vorn drängt, um den Seitwärtsbewegungen zu entgehen, reiten Sie diese Übung bewusst Schritt für Schritt. Halten Sie das Pferd wiederholt an. Geben Sie Arrêts und senken Sie danach die Hände wieder ab. Wichtig ist die Leichtigkeit im Kontakt.
Reiten Sie Ihr Pferd in freier Kopfhaltung, damit helfen Sie dem Pferd, sein Gewicht mehr auf der Hinterhand zu behalten. In hartnäckigen Fällen wechseln Sie zwischen „Abwenden-Halten", bauen Sie auch das Rückwärtsrichten ein.
Die Position der inneren Hand passt sich der äußeren Hand an, sie ist leicht geöffnet, neutral oder am Hals angelegt. Diese Hand erhält die Biegung. Auf keinen Fall darf sie an den Hals gedrückt werden.
Auch ist es sehr wichtig, dass Ihre Finger beweglich bleiben. Wenn Sie merken, dass Sie Ihre Hände in unerwünschte Richtungen ziehen, fassen Sie unmittelbar die Zügel nach, halten Sie Ihr Pferd an und beginnen Sie erneut.
An der Fülle der Hinweise wird deutlich, wie vielschichtig die Hilfengebung beim „Übertreten lassen" ist. Es ist ein Prozess des Miteinanders und des Aufeinanderachtens. Je mehr Routine Sie erwerben, desto feiner, prompter und präziser werden die Hilfen und die Reaktionen des Pferdes.

BITTE BEACHTEN

- Das Stichwort lautet „diagonale Hilfengebung". Das bedeutet, dass der innere Schenkel und die äußere Hand in präziser Weise vorherrschen.
- Das Timing ist wichtig. Der innere Schenkel treibt beim Abfußen des inneren Hinterbeins. Der äußere Zügel begrenzt die Schulter beim Abfußen des äußeren Hinterbeins.

Übertreten auf dem Kreisbogen ●●●

Es gibt verschiedene Wege, das Seitwärts zu entwickeln. **Zum einen hat sich der Weg über die Übungen „Schulterkontrolle", „Abwenden-Halten" und „Übertreten auf der Geraden" bewährt. Der andere Weg ist es, die Schultern des Pferdes auf einer gebogenen Linie zu halten und die Hinterhand herausschwingen zu lassen. Dadurch beginnt das Pferd zu kreuzen und bewegt sich vorwärts-seitwärts.**

DAS PFERD

In dieser Übung bleibt das Pferd mit seinen Schultern auf einem geplanten Kreisbogen, in einer Halle oder auf dem Dressurplatz wäre es eine Zirkellinie. Aufgrund des inneren Schenkels, der in diesem Fall leicht zurückgelegt wird, schwingt das Pferd seine Hinterhand nach außen. So entsteht eine Seitwärtsbewegung. Da sich die Hinterbeine auf einem größeren Bogen bewegen als die Vorhand, müssen die Hinterbeine große, weite Schritte, später dann im Trab Tritte machen. Das hat großen gymnastizierenden Wert.

DER REITER

Die Hilfen sind denen des Übertretens auf der Geraden ähnlich. Der Unterschied liegt in der Vorbereitung und Einleitung. Der Reiter wendet sich im Drehsitz mit dem Pferd, sein äußerer Zügel begrenzt die Biegung und kontrolliert die Schulter. Der innere Zügel erhält das Maul mobil und die Biegung. Der innere Schenkel liegt etwas hinter dem Gurt vorwärts-seitwärts treibend, das äußere Bein liegt am Gurt und erhält bei Bedarf das Vorwärts.

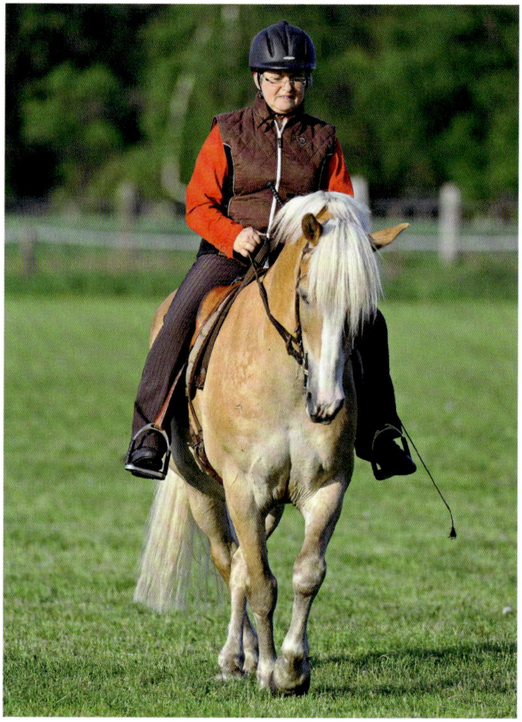

Ich lasse Rudi auf einem Kreisbogen übertreten. Da seine Hinterbeine dabei einer größeren Linie folgen als die Vorderbeine, muss er deutlich kreuzen.

BITTE BEACHTEN

- Passen Sie Ihre Gewichtshilfen der Pferdebewegung an. Bleiben Sie aufrecht. Wenn Ihr Pferd nach außen drängelt, sitzen Sie innen. Wenn Ihrem Pferd die Vorwärts-Seitwärts-Bewegung schwerfällt, sitzen Sie außen, damit Ihr Pferd Ihrem Schwerpunkt folgt.
- Testen Sie auf einem kleinen Kreis, ob Ihr Pferd prompt auf den seitwärts treibenden Schenkel reagiert, nutzen Sie die Gerte unterstützend. Verkleinern Sie den Kreis vorwiegend durch den äußeren Zügel. Er liegt am Hals an und verhindert dort ein Ausweichen der äußeren Schulter oder ein Vorwärtsdrängen.

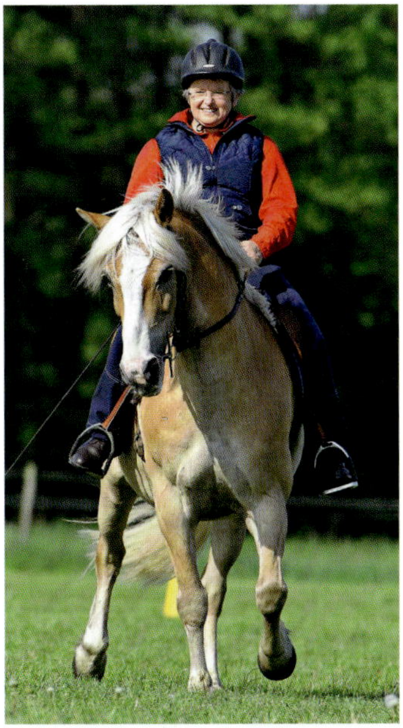

Übertreten auf einer gebogenen Linie kräftigt das Pferd auch dadurch, dass es seinen Körper samt Reiter seitlich über die Diagonale schieben muss.

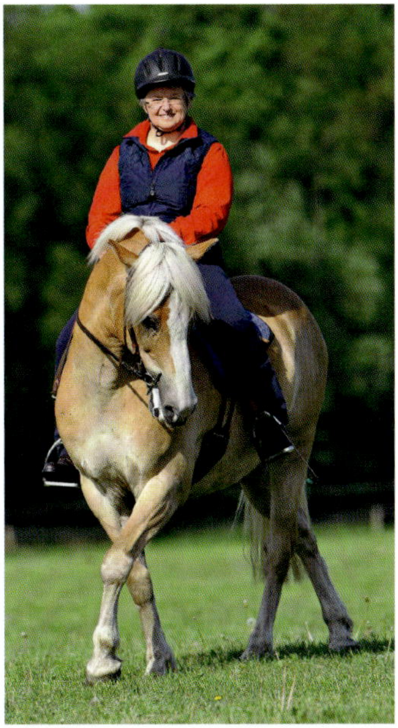

So nicht: Die innere Hand drückt gegen den Hals und verlangt zu viel Biegung, dadurch verliere ich die Schulterkontrolle und Rudi tritt vorwärts, nicht seitwärts.

TIPP

Anfangs ist der „öffnende Zügel" hilfreich. Dabei wird der innere Zügel seitlich vom Hals entfernt. Diese Bewegung der Hand ist eher leicht nach oben als in die Tiefe. Der Ellbogen bleibt dabei gebeugt.
Sollte das Pferd nicht unmittelbar auf das Seitwärtstreiben des inneren Schenkels reagieren, kann die Gerte an der Kruppe touchierend unterstützen. In jeder Art von Seitwärtsbewegung und in den Seitengängen verdient jedoch besonders der äußere, führende Zügel volle Beachtung.

Übertreten – Vorwärts ●●●

„Übertreten" und „Traben in Dehnung" lassen sich gut miteinander kombinieren. Sie lassen Ihr Pferd im Schritt seitwärts gehen und traben daraus in die Richtung an, in die Ihr Pferd bereits schaut. Sie folgen einem großen Kreisbogen, auf dem Sie gut erfühlen können, wie sich der Antritt Ihres Pferdes verbessert.

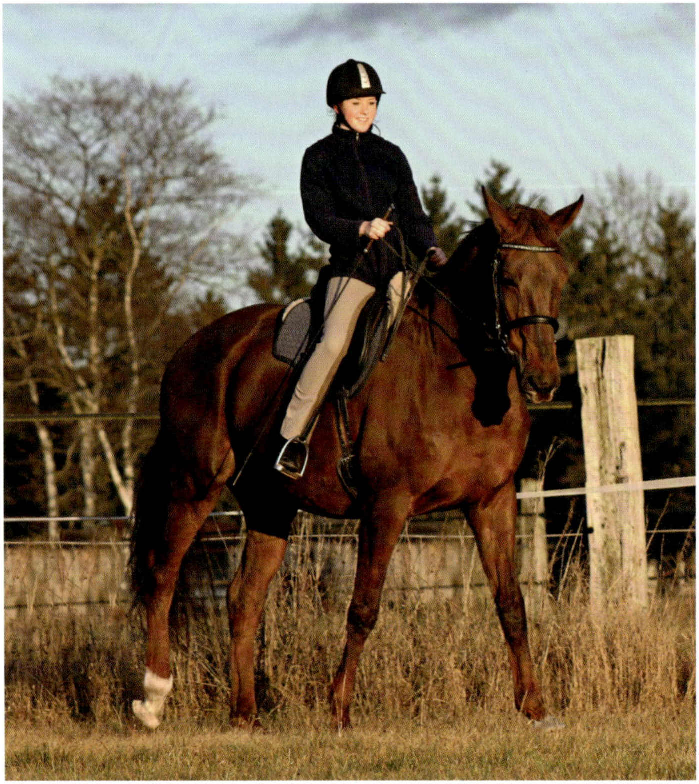

Julia treibt Fiona im Schritt vorwärts-seitwärts und lässt sie dabei gebogen übertreten, in diesen Abstellwinkel hinein trabt sie Fiona in deren Blickrichtung ...

TIPP

Wenden Sie Ihr Pferd aus dem Seitwärts direkt ins Vorwärts in dessen Blickrichtung ab und erhalten Sie die Biegung. Dabei halten die äußeren Hilfen das Pferd auf der Linie.
Wenn Ihr Pferd auf seiner hohlen Seite beim Antraben nach außen drängelt, unterstützen Sie es mit Anlegen des äußeren Zügels, mit dem äußeren Schenkel, mit Gewichtsverlagerung nach innen und mit Anlegen der Gerte an der äußeren Schulter.
Wenn es beim Antraben in der Spur bleibt, aber nur zögerlich Schub entwickelt, erinnern Sie es mit der Gerte an den Schenkelgehorsam.

DAS PFERD

Ihr Pferd geht im Schritt seitwärts. Zunächst genügen wenige Schritte. Im Übergang wechselt es aus der Seitwärtsbewegung in ein fleißiges Vorwärts. Es trabt an, dehnt sich an den Zügel heran und verlängert, wenn gewünscht, seine Tritte. Es bietet sich an, auf einen Kreis abzuwenden und die Biegung beizubehalten.

DER REITER

Sie sitzen im Seitwärts eher außen in Bewegungsrichtung. Mit dem Antraben wechseln Sie mit dem Gewicht nach innen und traben an, indem Sie mit beiden Schenkeln das Pferd vorwärtstreiben. Sie legen einen Kreisbogen an. Sehr effektiv ist die Wirkung dieser Übung, wenn Sie Ihr Pferd leichttrabend vorwärts in die Dehnung schicken. Nach einer Runde verkürzen Sie die Zügel wieder, richten Ihr Pferd auf, parieren es durch und führen es erneut ins Seitwärts. Diese Veränderungen fördern die Geschmeidigkeit Ihres Pferdes.

BITTE BEACHTEN

- Achten Sie darauf, dass Ihr äußerer Schenkel beim Antraben nicht zu weit hinten liegt. Viele Pferde traben dann traversartig an.
- Innerhalb dieser Übung können Sie Variationen einbauen. Sie wechseln die Gangarten, die Hand, die Kopf-Hals-Positionen und das Tempo, so erhöhen Sie die Effektivität und bekommen Abwechslung.
- Sehr effektiv ist die Variante, das Pferd aus dem Seitwärts im Leichttraben vorwärts in die Dehnung zu schicken.

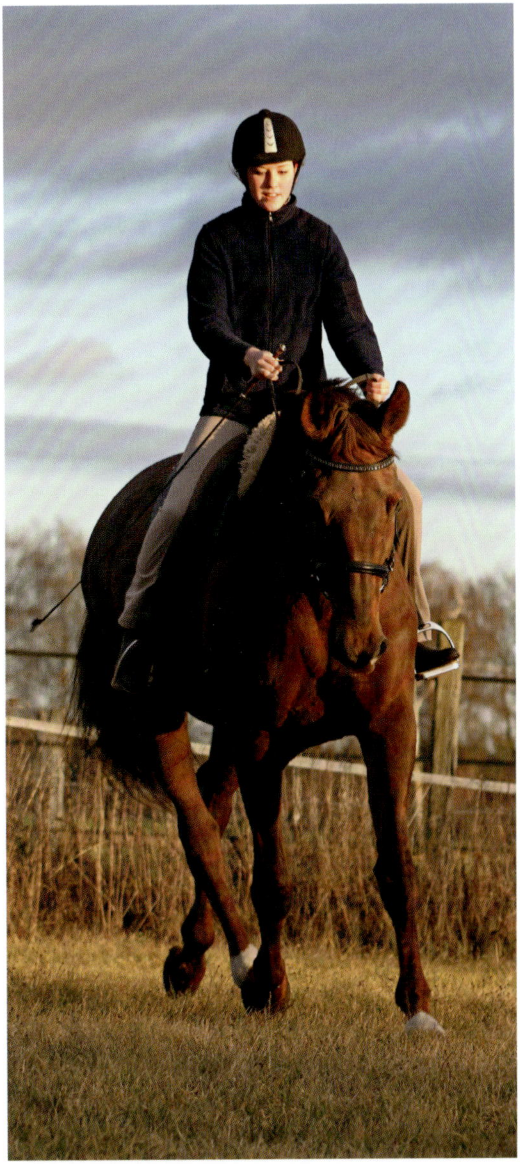

... und Biegung vorwärts an, trabt leicht und schickt sie dabei in die Dehnungshaltung.

Übertreten im Trab ●●●

Das Übertreten im Trab auf einem Kreisbogen fällt leichter, als viele erwarten. Bereiten Sie dies durch die vorhergehenden Übungen gut vor. Es kann spielerisch aus dem „auf dem Zirkel reiten" entwickelt werden, indem Sie die diagonalen Hilfen deutlicher einsetzen. Stellen Sie sich vor, wie Ihr Pferd leichtfüßig seitwärts auf dem Zirkel trabt und loben Sie es anfangs motivierend für jeden Tritt, der gelingt.

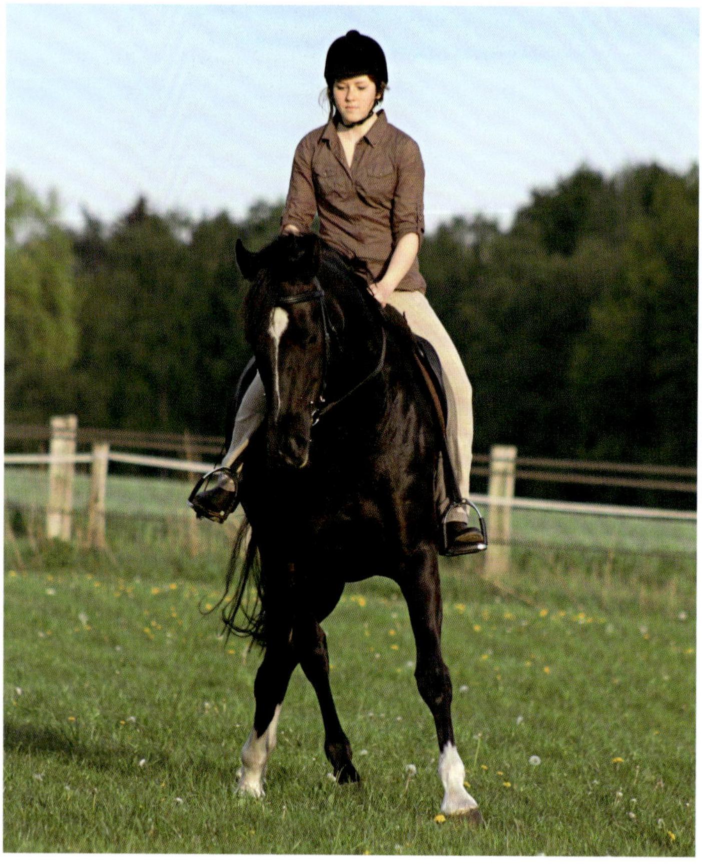

DAS PFERD

Das Pferd bleibt mit den Schultern auf einer beliebig großen Zirkellinie. Die Hinterbeine bewegen sich auf einem größeren Bogen, dadurch müssen sie sich fleißiger und raumgreifender bewegen als die Vorhand auf dem kleineren Kreisbogen. Durch die Biegung sind die Anforderungen an die Mobilität, Dehnungsfähigkeit und Koordination sehr hoch.
Sinnvoll sind Kombinationen mit dem Reiten in Dehnung oder variieren Sie die Gangmaße im Trab. Besonders zu Anfang, wenn das Pferd diese Bewegungen noch erlernt, sind kurze Reprisen und Abwechslung wichtig.

Julia lässt Unah auf einem Kreisbogen übertreten. Sie begrenzt die Schulter durch das Anlegen des äußeren Zügels. Die Stute kreuzt deutlich und ist sehr beweglich.

DER REITER

Sie reiten auf dem Zirkel und wenden sich mit Ihrem Pferd gemeinsam leicht der Mitte Ihres Kreises zu. Durch den begrenzenden äußeren Zügel und den seitwärts treibenden inneren Schenkel tritt es über. Sie können aussitzen oder leichttraben. Testen Sie, auf welchem Fuß es Ihrem Pferd leichter fällt. Es kann sein, dass Sie auf beiden Händen auf der gleichen Diagonale einsitzen und Ihrem Pferd damit helfen, trotz seiner natürlichen Schiefe diese Bewegungen auf beiden Händen in gleicher Qualität zu zeigen. Grundsätzlich habe ich den Fußwechsel beim Leichttraben im Seitwärts oder Schulterherein übernommen, so sitze ich mehr in Bewegungsrichtung. Mit dem Fußwechsel bekommt das Pferd noch ein zusätzliches Signal, wenn ich aus dem „Geradeaus" ins „Seitwärts" wechsle. Probieren Sie es aus und finden Sie mit Ihrem Pferd den leichtesten Weg.

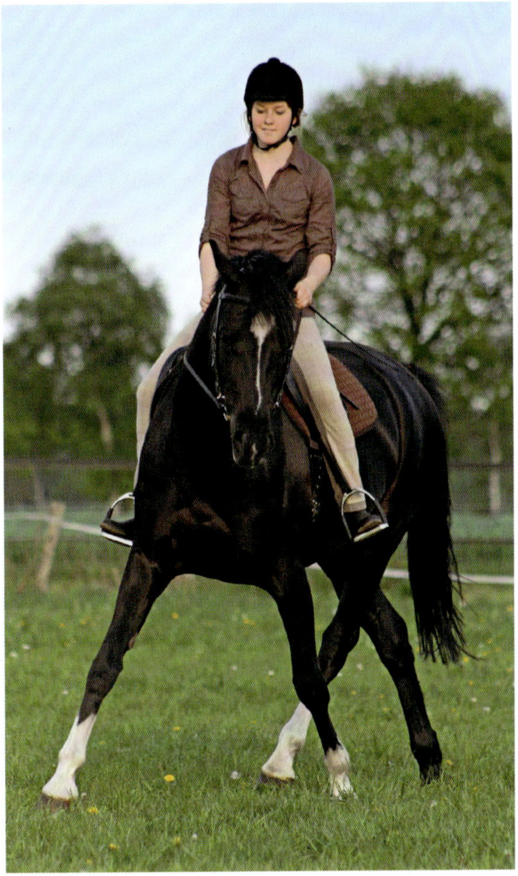

Interessant ist hier die Biegung. Auf dieser Seite wirkt Unah geschmeidiger und ihre Bewegungen sind fließender. Die Dehnung ihrer rechten Körperseite fällt ihr offensichtlich leichter.

BITTE BEACHTEN

- Wenn Ihr Pferd das Tempo erhöht oder seitwärts driftet, parieren Sie es zum Schritt durch. Beginnen Sie erneut in freierer Kopf-Hals-Position. Es ist sinnvoll, das Übertreten im Trab mehrmals in kurzen Reprisen zu wiederholen, im Wechsel mit Übertreten im Schritt.
- Wenn Ihr Pferd das Tempo hält, aber dem seitwärts treibenden Schenkel noch zögernd folgt, parieren Sie zum Schritt durch. Fragen Sie sofort deutlich das Übertreten im Schritt ab. Diese Wechsel müssen spritzig durchgeführt werden. Sie verdeutlichen dem Pferd im Schritt, was es im Trab zeigen soll.
- Wenn Ihr Pferd antriebsarm ist und den Fleiß beim Übertreten verliert, schicken Sie das Pferd schon nach wenigen Seitwärtstritten deutlich vorwärts in die Dehnung. Nehmen Sie diesen Schwung mit in den nächsten Versuch.

Beizäumen ●●●

Die Bezeichnungen „das Genick runden", „Beizäumen", „ein Pferd an den Zügel stellen" oder „ein Pferd durchs Genick stellen" beschreiben alle den gleichen Prozess. Es ist die Einflussnahme des Reiters auf das Maul, das Genick und den gesamten Körper des Pferdes. Das Pferd bleibt dabei willig im Kontakt zur Reiterhand. Ich habe diese Hilfen bewusst an das Ende des Buches gestellt, denn wenn Ihr Pferd die vorherigen Übungen folgsam, durchlässig und leicht ausführt, werden Sie es nicht beizäumen müssen. Es wird sich als Ergebnis Ihres Trainings ergeben.

DAS PFERD

Als Grundlage geht Ihr Pferd in seinem Gleichgewicht vorwärts. Erst wenn Ihr Pferd dabei im Unterkiefer nachgiebig ist, sich in beide Richtungen gleichmäßig biegt, beide Schultern gleichmäßig belastet und in jedem Moment der nachgebenden Hand in die Dehnung folgt, kommen Sie der Zielsetzung Beizäumung nahe. Beizäumung bedeutet, dass das Pferd seinen Genickwinkel so weit schließt, dass sich die Nasenlinie der Senkrechten nähert, während sein Genick der höchste Punkt bleibt und seine gesamte Wirbelsäule beweglich bleibt.
Der Widerrist fächert sich nach „oben" auf, dies ist aber eine Bewegung und kein starrer Zustand. Der Pferderücken schwingt dreidimensional, der Schweif pendelt, die Hinterhand tritt aktiv vor und bringt den Pferdekörper schwungvoll ins Vorwärts.

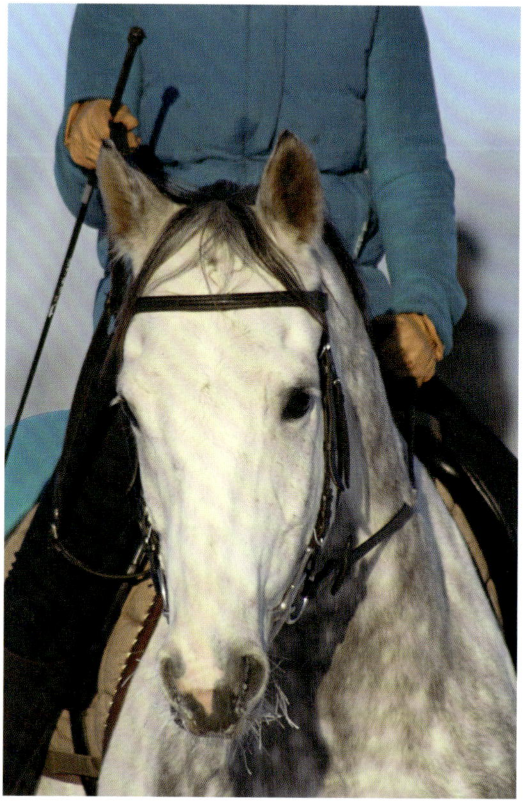

Diandra rundet Futuros Genick. Sie reitet vorwärts und nimmt Einfluss auf Maul und Genick, indem sie ihre äußere Hand am Widerrist feststellt und die innere Hand anhebt. Ihre Finger sind beweglich. Futuro hat ein mobiles Kiefergelenk.

DER REITER

Ich bin in puncto Beizäumung deutlich durch Philippe Karls Schule der Légèreté geprägt: Während bei der Biegung die äußere Hand der Biegung folgt, bekommt sie im Prozess der Beizäumung eine andere Aufgabe.
Am leichtesten ist es, mit dem Beizäumen aus der Biegung heraus zu beginnen. Sie stellen sicher, dass sich Ihr Pferd biegen und dehnen lässt, dann verkürzen Sie den äußeren Zügel. Die Länge dieses Zügels bestimmt den Abstand zwischen Ihrer Hand und dem Pferdemaul. Die Hand ist stetig nahe am Widerrist, die Finger bleiben beweglich.
Die innere Hand wird angehoben und baut, wenn nötig, leichten Druck auf, indem sie sich nach oben, aber niemals rückwärts bewegt. Wenn das Pferd im Genick nachgibt, sich rundet, senken Sie die innere Hand, der Kontakt wird leichter. Die sanfte Verbindung bleibt bestehen.

BITTE BEACHTEN

- Das Runden des Genicks birgt manche Schwierigkeit. Keine andere Hilfe wird durch so eine bunte, teils bedenkenswerte Palette an Hilfsmitteln und Lederschnüren aller Art erzwungen. Ein Reiter, der den Pferdekopf nicht „runter" bekommt, gilt als unbeholfen. Ich möchte Ihnen Mut machen, zunächst zwischen „an den Hilfen stehen" und „am Zügel reiten" zu unterscheiden. Wenn Ihr Pferd problemlos auf dem Weg, in dem Tempo und in der Gangart bleibt, die Sie vorgeben, leistet es Ihren Hilfen Folge – ein gutes Fundament.
- Beizäumen heißt, den Körper Ihres Pferdes in seiner Gesamtheit zu beeinflussen. Das Pferd gewinnt dabei an Ausdruck und nimmt Sie als Reiter in seine Bewegungen mit.

TIPP

Bei Problemen testen Sie, in welcher Position, mit welcher Intensität und mit welcher Dauer das Pferd am leichtesten auf Ihre Zügelhilfen reagiert.

Hier gibt Diandra mit ihrer linken Hand eine konstante Verbindung vor, während die innere Hand mit beweglichen Fingern Futuro zum Nachgeben auffordert. Sobald er den Hilfen Folge leistet, wird der Kontakt leichter.

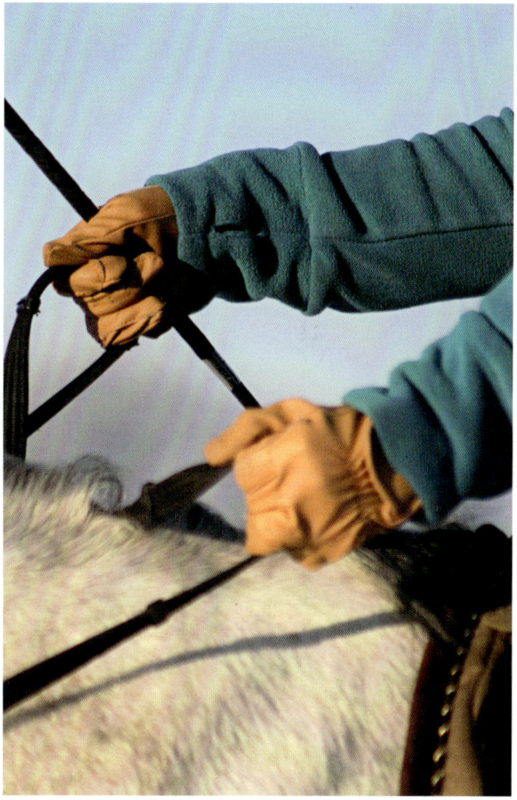

Gegen das Verwerfen

Aufgrund der natürlichen Asymmetrie neigt die Muskulatur auf der einen Körperhälfte zum Verkürzen und auf der anderen zum Dehnen. Davon ist auch die Genickmuskulatur betroffen, sodass viele Pferde auf der Seite, zu der sie sich nicht so leicht biegen lassen, zum Verwerfen neigen. Dabei kippen sie den Kopf und die ersten Halswirbel zur Seite.

DAS PFERD

Aufgrund der mangelnden Dehnungsfähigkeit der Hals- und Rumpfmuskulatur neigen viele Pferde auf einer Seite zum Verwerfen. Der Reiter kann dies sehr gut erkennen, da das Pferd dabei ein Ohr höher trägt als das andere und von oben aus gesehen das Genick leicht zur Seite kippt. Das ist keine Unart im eigentlichen Sinne, sondern die Folge von biomechanischen Prozessen, denen der Reiter mit Ausdauer und Geduld entgegenwirken muss.

DER REITER

Das Verwerfen kann ein Reiter nur durch die Anpassung seiner Zügelhilfen verhindern. Zunächst einmal gilt, dass auf der Seite, zu der das Pferd seine Nase neigt, also auf der Seite, wo das Ohr höher getragen wird, die Zügelkraft verringert werden muss, ohne dabei den Kontakt zu verlieren. Auf der anderen Seite, auf der das Ohr nach unten gekippt ist, kann der Reiter durch Nachfassen des Zügels, bewegliche Fingergelenke und ein leichtes Anheben der Hand dem Verwerfen entgegenwirken. An diesem Zügel sollte sich die Zugkraft etwas verstärken. Unter Umständen muss die Hand deutlich angehoben werden, während die andere Hand in leichter Anlehnung bleibt. Es ist wichtig, dass Sie die

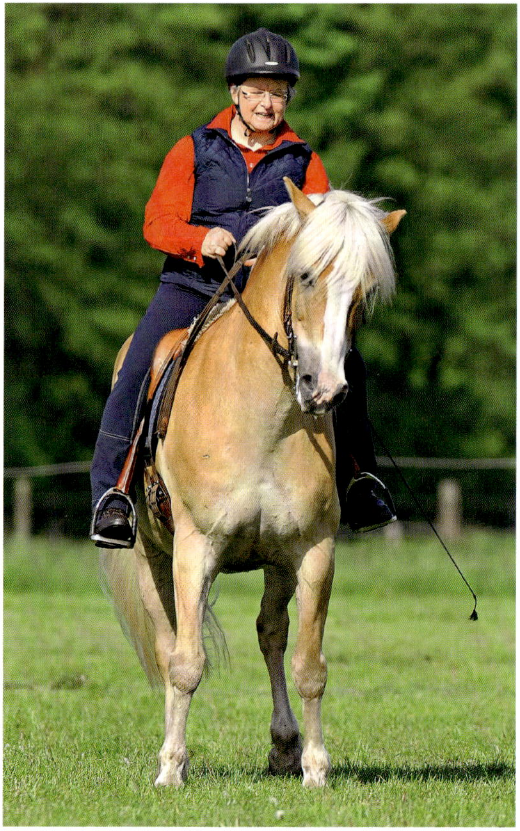

Auf das Verwerfen reagiere ich mit verbesserter Abstimmung zwischen beiden Händen.

TIPP

Stimmen Sie Ihre Hände gut aufeinander ab. Bleiben Sie in leichtem Kontakt zum Pferdemaul. Weichen Sie während der Korrektur nicht von Ihrer ursprünglichen Lektion ab, zum Beispiel dem Stellen und Biegen. Helfen Sie dem Pferd, mit seinem Nasenrücken im Lot zu bleiben, während Sie kontinuierlich, aber sanft die Biegung trainieren.

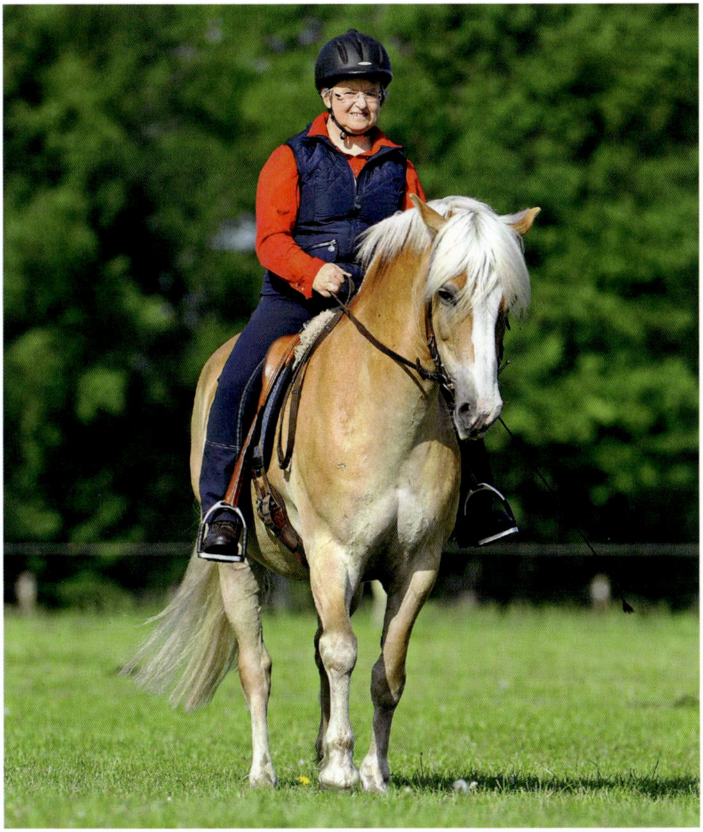

Durch leichteren Kontakt am äußeren Zügel und sanftes Anheben der inneren Hand kann ich das Verwerfen unterbinden.

Einwirkungen Ihrer Hände gefühlvoll aufeinander abstimmen. Dabei bleiben Sie in der Frage nach Biegung dabei, dass der Kopf im Lot und beide Ohren auf gleicher Höhe bleiben müssen. Die Schenkel- und Gewichtshilfen bleiben gleichmäßig in der Lektion, die Sie gerade reiten.

BITTE BEACHTEN

- In manchen Fällen verwerfen sich die Pferde auch infolge ungleichmäßiger Zügeleinwirkungen des Reiters. Dabei ist es eine „Henne-Ei-Diskussion", ob der Reiter fälschlicherweise ins Ziehen gerät, weil das Pferd sich kaum biegen lässt oder das Pferd sich der Biegung durch das Kippen zu entziehen versucht.
- Auf jeden Fall muss der Reiter den ersten Schritt tun und seine Hilfengebung verändern.

Schulterherein und Konterschulterherein ●●●

Schon die alten Meister waren voll des Lobes über den gymnastizierenden Wert des Schulterhereins. Ob als „Mutter aller Seitengänge" oder als „Aspirin der Reitkunst", in allen Zeiten fanden große Reiter lobende Worte für diese Lektionen. Dieser Meinung schließe ich mich bedingungslos an.

DAS PFERD

Beim Schulterherein bewegt sich die Hinterhand weiterhin auf gerader Linie, zum Beispiel dem Hufschlag. Die Schulter wird „hereingeführt", bis sich die Hufe des Pferdes auf drei oder vier Hufschlägen bewegen. Ich werde nicht entscheiden, ob drei oder vier Hufschläge die richtige Variante ist. Ich sehe beide Varianten als gleichwertig nebeneinander. Im Lernprozess, sowohl beim Pferd als auch beim Reiter, ist das Reiten auf vier Hufschlägen zunächst einfacher.

DER REITER

Drehsitz und diagonale Hilfengebung sind die Schlagwörter im Schulterherein. Zunächst sitzen Sie mittig und mithilfe des Drehsitzes wenden Sie die Schultern Ihres Pferdes auf den zweiten Hufschlag. Dazu legen Sie Ihre äußeren Zügel an den Hals und nehmen Ihre innere Hand etwas weg vom Hals. Der äußere Zügel begrenzt die Schulter, der innere biegt. Wenn Sie diese Position erreichen, fangen Sie das Pferd in seinem Vorwärtsbewegen ab und beginnen mit dem inneren Schenkel vorwärts-seitwärts zu reiten. Behalten Sie die Leichtigkeit in Ihren Zügelhilfen bei und verlagern Sie Ihr Gewicht etwas in Bewegungsrichtung. Sollte Ihr Pferd versuchen, über die

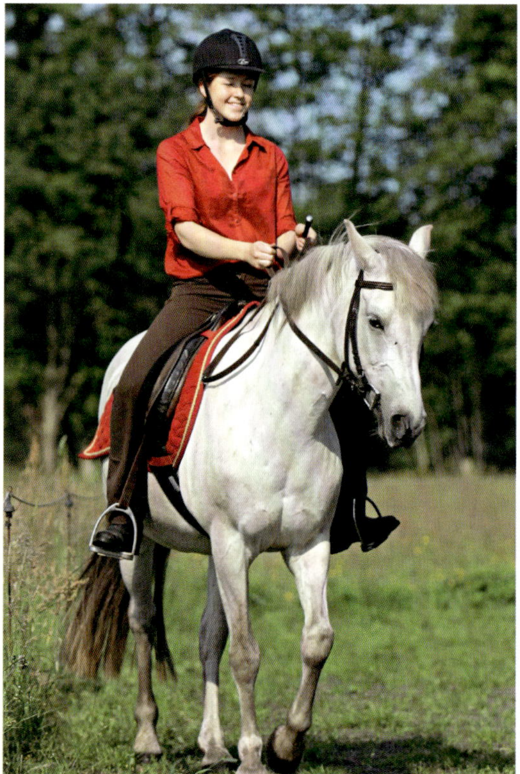

Die Schultern sind parallel zu denen des Pferdes.

TIPP

Das Schulterherein kann auch in die lösende Arbeit eingefügt werden. Wenn Sie dabei leichttraben, wechseln Sie den Fuß, um dem Pferd die Bewegung zu erleichtern. Sehr anspruchsvoll, aber von hohem gymnastischen Wert, ist das Schulterherein auf freier Linie. Reiten Sie dazu beispielsweise auf der Mittellinie. Halten Sie die Hinterhand des Pferdes auf dieser Linie und wechseln Sie zwischen Schulterherein rechts und links.

äußere Schulter auszuweichen, bleiben Sie mit Ihrem Gewicht mittig, um das Pferd in sein Gleichgewicht zu bringen.

BITTE BEACHTEN

Konterschulterherein könnte man von seiner Logik her auch Schulterherein nennen. Reiten Sie dazu auf dem zweiten Hufschlag, stellen und biegen Sie Ihr Pferd nach außen und bringen Sie die Schultern des Pferdes in Richtung des ersten Hufschlags. Die Hilfengebung ist analog, lediglich Stellung und Biegung sind verändert.

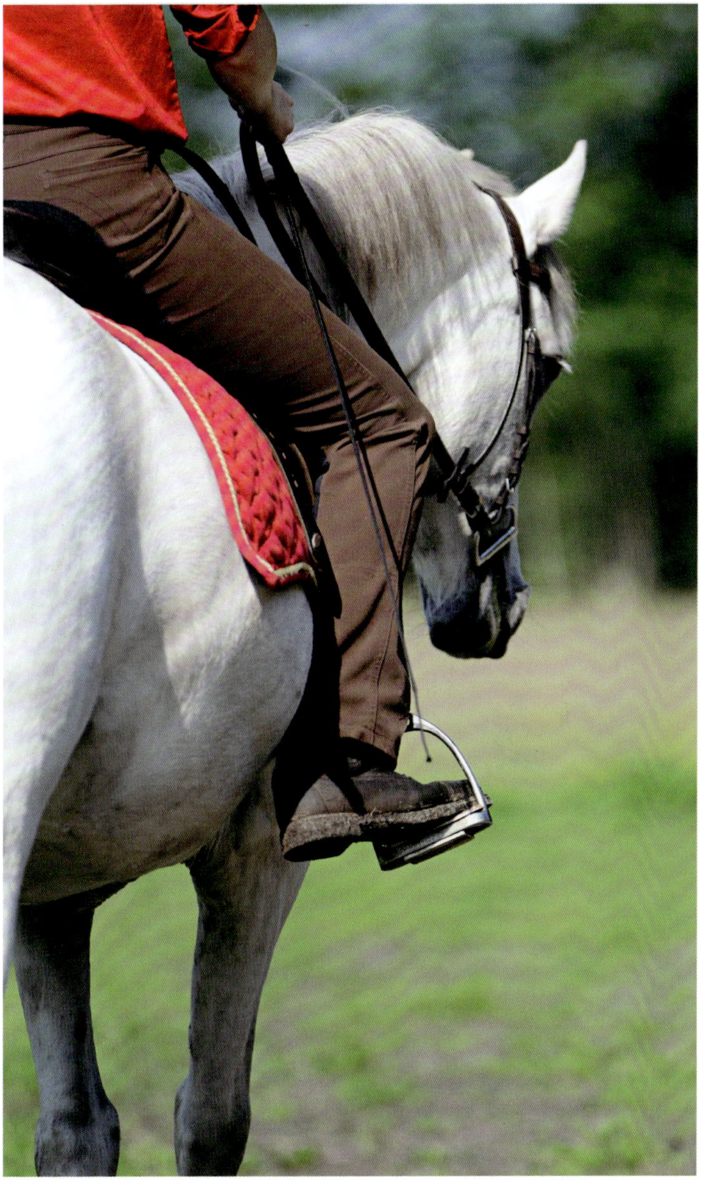

Die innere Körperhälfte von Pferd und Reiter darf nicht angespannt sein.

Travers

Während sich das Pferd im Schulterherein in Richtung seiner gedehnten Seite bewegt, bewegt es sich beim Travers in Richtung seiner gebogenen Seite. Dadurch, dass das Pferd von Natur aus immer als Folge seiner natürlichen Schiefe eine Travers-Position einnimmt, fällt ihm im Lernprozess Travers in eine Richtung sehr leicht.

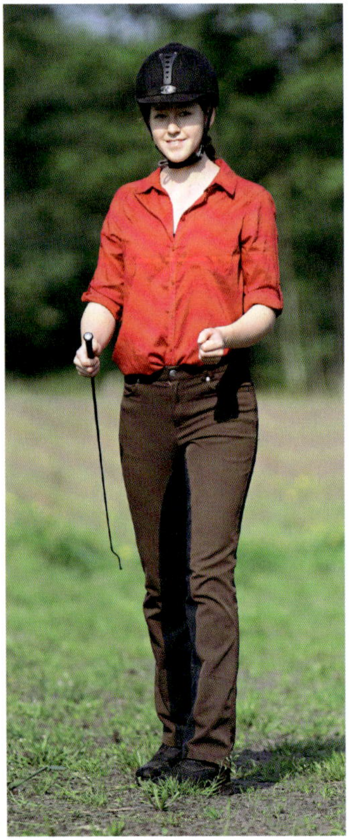

Seitengänge können Sie sehr gut im Laufen lernen. Stellen Sie sich dabei Ihre Hilfengebung vor.

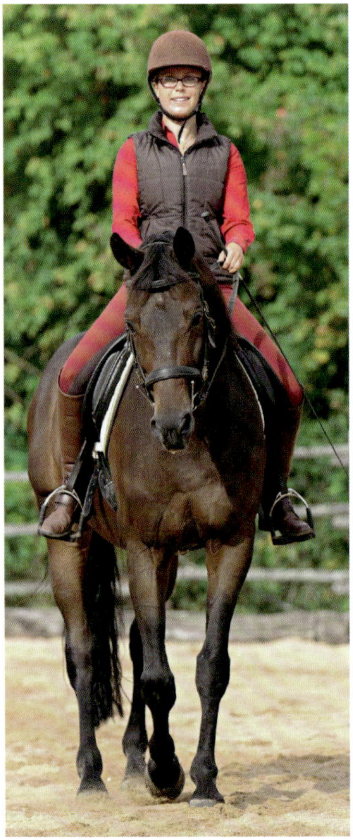

Blicken Sie durch die Ohren Ihres Pferdes hindurch auf einen Zielpunkt und reiten Sie vorwärts-seitwärts dorthin.

DAS PFERD

In der Biegung seiner natürlichen Schiefe entsprechend fällt einem Pferd das Erlernen des Travers leicht. Es wird das Travers in dieser Biegung oft anbieten.
Auf der anderen Hand braucht der Reiter Geduld, Feinfühligkeit und großen Respekt dem Pferd gegenüber, weil Travers auf dieser Hand dem Pferd unendlich schwerfällt. Es muss den Großteil seiner Muskeln entgegen seiner lebenslangen Gewohnheit nutzen und sein Gleichgewicht dementsprechend verändern. Das Pferd bewegt sich auf einer geraden Linie entlang des Hufschlags oder auf gebogener Linie. Die Schulter und der Hals sind parallel zur Bande, das Pferd ist nach innen gestellt und gebogen und die Hinterhand bewegt sich auf drei oder vier Hufschlägen nach innen versetzt.

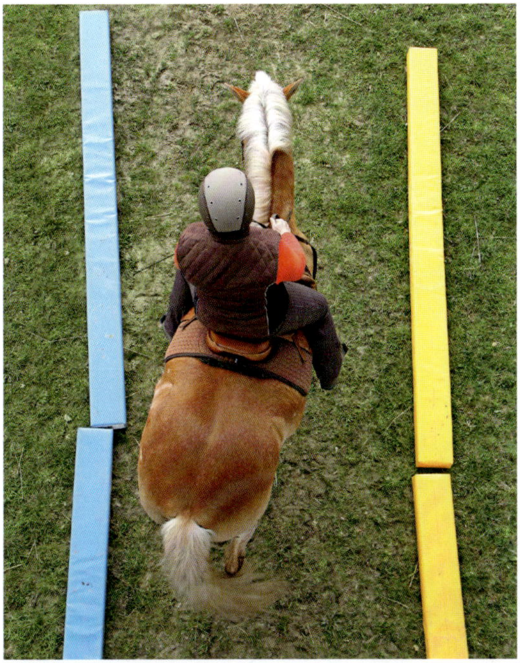

Wenn die Bande die gelbe Gasse ist, ist es Travers, bei blauer Gasse Renvers. Die Hilfen sind gleich.

TIPP

Seitengänge lernt man am besten am Boden. Gehen Sie unter Einbeziehung der Hilfengebung die Seitengänge am Boden. Tragen Sie Ihre Hände so, als würden Sie Zügel halten, nehmen Sie die Gerte in die Hand und gehen Sie bewusst im Schulterherein, Travers, Konterschulterherein oder Renvers. Laufen Sie diese Übung niemals mit Sporen, damit Sie nicht stolpern. Sollte Ihr Pferd die Seitengänge nicht kennen, erleichtern Sie den Lernprozess durch diese Vorbereitung erheblich.

DER REITER

Sie sitzen mittig zu Pferde und Sie belasten vermehrt die innere Gesäßhälfte. Sie sitzen im Drehsitz, das heißt: Ihre innere Hüfte ist etwas weiter vorn als die äußere und Ihre Schultern sind parallel zu den Schultern des Pferdes. Sprich, Sie nehmen die inneren Schultern etwas zurück, um Ihre Schultern parallel zu den Schultern des Pferdes zu halten, während Ihre Hüfte parallel zu der Hüfte des Pferdes ist. Ihre Hände kontrollieren die Schultern des Pferdes und halten sie auf der Linie des Hufschlags. Gleichzeitig heben Sie Ihre innere Hand leicht an. Verkürzen Sie gegebenenfalls den Zügel und erhalten Sie die Biegung Ihres Pferdes nach innen. Der äußere Zügel führt und entfernt sich eventuell etwas von der Schulter des Pferdes, wird etwas breiter getragen, falls die Abstellung nicht ausreicht. Wichtig ist, dass der Kontakt zum Maul leicht bleibt und der Unterkiefer weiterhin entspannt mobil bleiben kann. Trennen Sie bewusst lenkende, biegende und die Schulter kontrollierende Hilfen. Setzen Sie immer wieder Ihre Hilfen aus und senken Sie Ihre Hände.

BITTE BEACHTEN

- Sie können Travers auch auf gebogener Linie reiten. Zum Beispiel auf dem Zirkel oder auf einer Volte.
- Etwas anspruchsvoller, aber sehr effektiv ist das „Zirkel verkleinern und vergrößern", wenn Sie dabei im Travers den Zirkel verkleinern und im Schulterherein vergrößern.
- Reiten Sie Travers auf dem Zirkel und wechseln Sie auf der Linie wie beim „Aus dem Zirkel wechseln". Halten Sie Ihr Pferd in der Travers-Position; sitzen Sie in Bewegungsrichtung. Beim Handwechsel wird aus dem Travers ein Renvers.

Renvers ●●●

Die Furcht vor dem Renvers ist unbegründet, weil sich das Pferd im Renvers in Travers-Position und Konterbiegung bewegt. Die Hilfengebung entspricht dem Travers, nur dass das Pferd nicht nach innen, sondern nach außen gebogen wird.

DAS PFERD

Während sich das Pferd im Travers mit seinen Schultern auf dem Hufschlag und mit den Hinterbeinen auf dem zweiten Hufschlag in Innenbiegung bewegt, ist es im Renvers genau anders herum: Die Schultern des Pferdes bewegen sich auf dem zweiten Hufschlag, die Hinterhand auf dem ersten Hufschlag und dabei ist das Pferd nach außen gestellt und gebogen. Das Pferd bewegt sich daher in beiden Seitengängen in Bewegungsrichtung, wobei das jeweilige biegungsäußere Hinterbein zur vermehrten Lastaufnahme angeregt wird.

Das Pferd blickt auf den Zielpunkt. Die Biegung im Hals wird der im Körper möglichen Biegung angepasst. Das äußere Hinterbein tritt unter den Schwerpunkt, es soll nicht kreuzen.

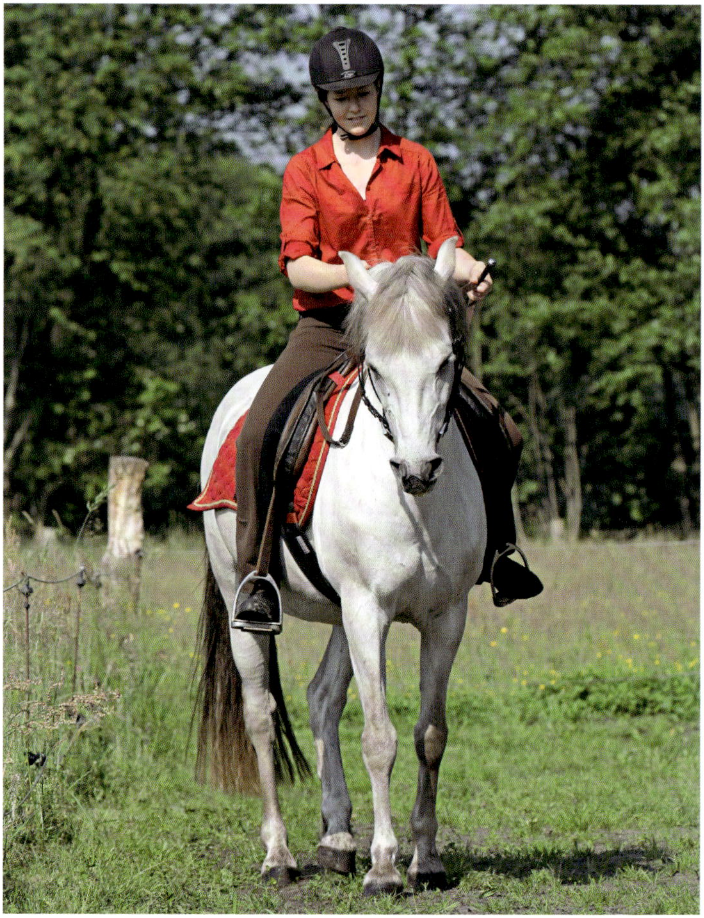

Die Position der Hände kontrolliert und begrenzt die Position der Schultern.

DER REITER

Sie sitzen mittig auf dem Pferd und Sie belasten Ihre biegungsinnere Gesäßhälfte mehr als die äußere. Der biegungsäußere Schenkel ist leicht zurückgelegt und treibt das Pferd vorwärts-seitwärts, sodass sich die Vorderbeine auf dem zweiten Hufschlag bewegen. Der biegungsinnere Schenkel liegt am Gurt und erhält bei Bedarf die Vorwärtsbewegung des Pferdes. Der biegungsäußere Zügel begrenzt die Biegung, kann aber auch die Position der Schulter und den Abstellwinkel der Hinterhand beeinflussen, indem er, wenn er an den Hals angelegt wird, die Schultern mehr vor die Hinterhand bewegt oder wenn er sich vom Hals entfernt, den Abstellwinkel vergrößert.

Halten Sie Ihre Schultern parallel zu denen des Pferdes, sodass das Gefühl entsteht, dass Schultern, Hals und Kopf des Pferdes sich linientreu geradeaus auf einen Zielpunkt zubewegen, während die Hinterhand sich der Biegung entsprechend abgestellt bewegt. Grundsätzlich gilt: Die Hinterhand ist der Motor und die Schultern sind frei beweglich. Jedoch hilft das eben genannte Bild, die Lektion leichter zu erlernen.

BITTE BEACHTEN

- Beachten Sie, dass Sie durch das Neck-Reining, die Schulterkontrolle, die Position der Schultern in Bezug auf die Hinterhand beeinflussen, ohne dabei die Zügelkraft zu verstärken.
- Behalten Sie in dieser Hilfe die Leichtigkeit in der Anlehnung und Beweglichkeit im Maul bei.

TIPP

Ich empfehle, die Gerte im Travers und Renvers auf der biegungsäußeren Seite zu tragen, um gegebenenfalls das äußere Hinterbein aktivieren zu können.

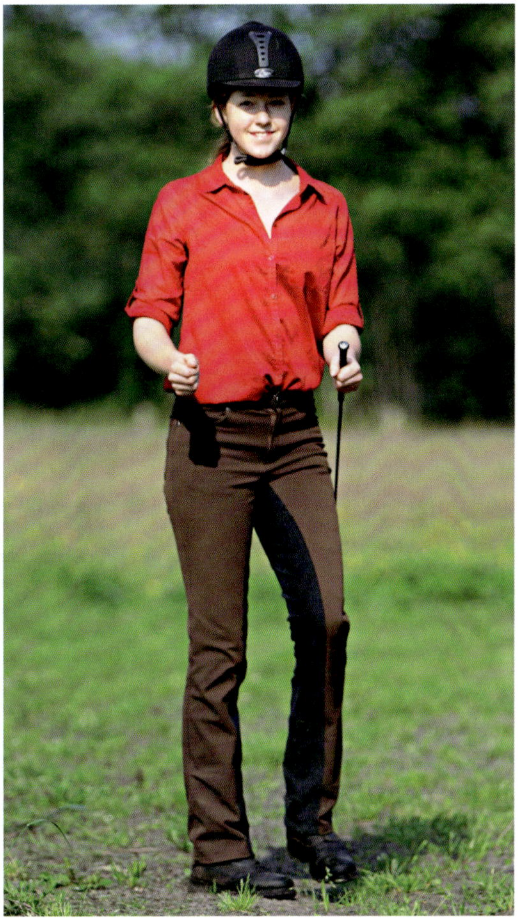

Gehen Sie das Renvers zu Fuß und imitieren Sie Ihre Hilfen.

Seitengänge mit einer Hand ●●●

In der klassischen Dressur wird das „einhändige Reiten auf blanker Kandare" als oberstes Ziel angesehen. Ich konnte feststellen, dass es für Reitschüler eine weitreichende Hilfe ist, das Pferd auf Trense einhändig zu reiten und damit die Zügelhilfen deutlich zu verfeinern.

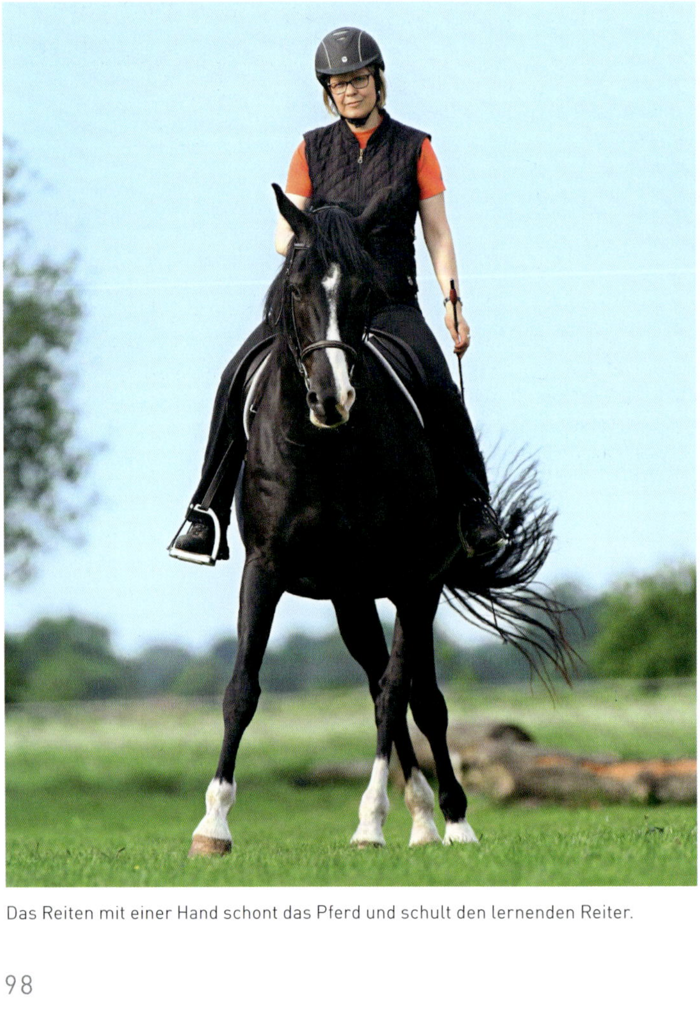

Das Reiten mit einer Hand schont das Pferd und schult den lernenden Reiter.

DAS PFERD

Das Pferd bleibt beim einhändigen Reiten im Kontakt zur Hand, es kaut ab, lässt sich fügsam lenken und biegen. Das Pferd bleibt im willigen Vorwärts.

DER REITER

Ich empfehle, beide Zügel in der jeweiligen äußeren Hand zu führen. Stellen Sie dazu die Faust aufrecht hin und lassen Sie den inneren Zügel zwischen Daumen und Zeigefinger in die Hand und den äußeren Zügel unter dem kleinen Zeigefinger in die Faust hinein- und zwischen Zeige- und Mittelfinger wieder hinausgleiten. Diese Handhaltung entspricht der französischen Kandarenhaltung und stellt so eine gute Vorbereitung für das Reiten mit vier Zügeln dar.
Das Nachfassen erfolgt durch die andere, freie Hand, die den nachzufassenden Zügel aus der Zügelfaust ziehen kann.

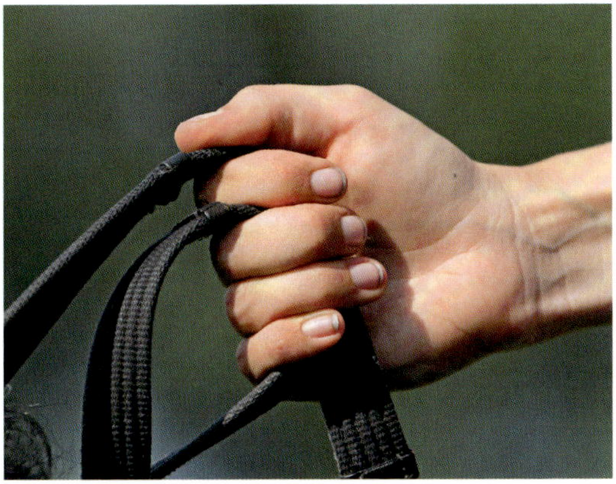

Der Zeigefinger führt den inneren Zügel und der kleine Finger den äußerem Zügel.

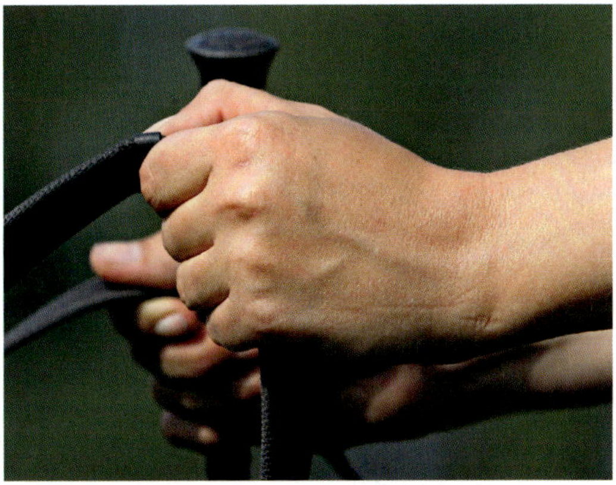

Die Littauer Zügelführung mit beiden Händen: Zeigefinger und Daumen führen die Zügel.

Das erstaunliche an dieser Übung ist, dass es vielen Reitern während des Lernprozesses leichter fällt, die Seitengänge mit einer Hand zu reiten. Diese gelingen eher, weil der Reiter nicht durch das so weit verbreitete Ziehen am inneren Zügel das Gelingen der Seitengänge verhindert. Der Hinweis, dass die Zügelführung stets so sein sollte, dass die Hände aufeinander abgestimmt so fein arbeiten, dass die eine Hand spürt, was die andere Hand tut, gelingt oftmals nicht, denn der Lernende verspannt sich leicht, während er eine so komplexe Lektion wie die Seitengänge erlernt.

BITTE BEACHTEN

Wir Reiter neigen dazu, die Faust abzukippen und mit dem Handrücken nach oben zu tragen, also mit verdeckter Faust zu reiten. Fühlen Sie bewusst bei dieser Bewegung in Ihren Schultergürtel hinein. Sie werden merken, dass die unerwünschte Nebenwirkung einer verdeckten Faust eine gerundete, feste Schulter ist.

TIPP

Als vorbereitende Übung empfehle ich das Reiten mit der sogenannten Littauer Zügelführung, bei der die Zügel auch zwischen Zeigefinger und Daumen in die Hand hineingleiten. Vor gut hundert Jahren hat Vladimir Littauer diese Zügelführung entwickelt, da er feststellte, dass der Mensch auf diese Weise mehr an das „Geben“ als an das „Nehmen“ denkt und so weniger zieht. Bei Bedarf tragen Sie Ihre Gerte ebenfalls in der Hand.

Wechsel zwischen Schulterherein und Travers ●●●

Beim Wechsel vom Schulterherein zum Travers **bleibt das Pferd in Biegung und Stellung gleich, verändert allerdings die Position seiner Beine. Der Reiter passt seinen Sitz und seine Hilfen an, sodass dieser Wechsel willig und fließend gelingt.**

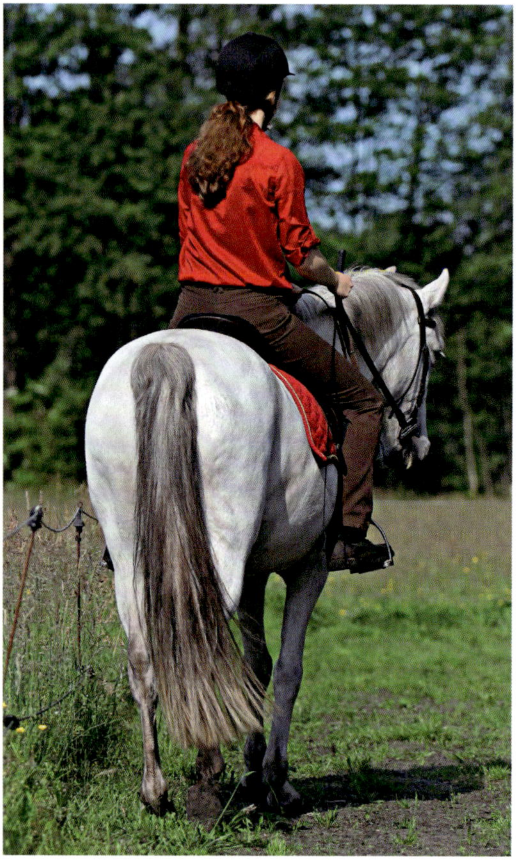

Zwischen den Seitengängen wechselt das Pferd die Bewegungsrichtung und behält Stellung und Biegung bei.

DAS PFERD

Diese Übungsreihe gymnastiziert das Gleichgewicht des Pferdes in besonderer Weise, da bei gleicher Biegung im Schulterherein vermehrt das innere Hinterbein und im Travers vermehrt das äußere Hinterbein belastet wird.

DER REITER

Sie beginnen auf einer einfachen geraden Linie und reiten das Pferd ganze Bahn. Zunächst werden die Pferdeschultern nach innen hereingeführt. Gewicht leicht nach außen verlagern, Sie sitzen in Bewegungsrichtung. Sie wenden sich mit den Schultern nach innen. Das innere Bein treibt am Gurt vorwärts-seitwärts. Das äußere Bein liegt entspannt am Pferdeleib.

An dem Punkt, an dem Sie zum Travers wechseln wollen, verschieben Sie zunächst die Schulter des Pferdes zurück auf den Hufschlag. Belasten Sie nun die innere Gesäßhälfte mehr. Der innere Schenkel liegt entspannt am Gurt und treibt bei Bedarf vorwärts. Das äußere Bein wird leicht zurückgelegt und treibt vorwärts-seitwärts. Die Hinterhand bewegt sich leicht nach innen versetzt. Die Zügelhilfen halten die Biegung und die Pferdeschultern auf dem Hufschlag. Im Travers sind Ihre Schultern parallel zu denen des Pferdes.

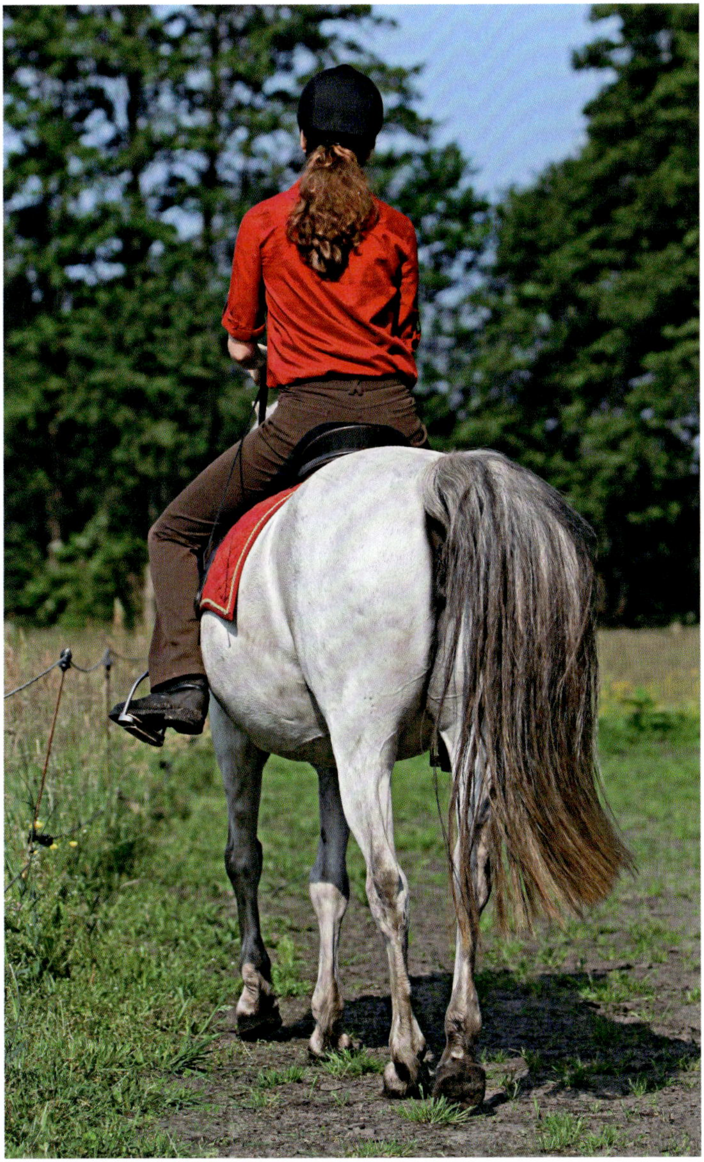

Es ist nicht nur hilfreich, sondern unbedingt notwendig, dass der Reiter seine Gewichtshilfen und seinen Sitz bewusst anpasst und verändert.

TIPP

Diese Übungsabfolge wird deutlich leichter zu reiten sein, wenn Sie Ihre Schultern sehr bewusst parallel zu denen des Pferd halten. Achten Sie darauf, dass sich Ihre Hände in den Positionswechseln gemeinsam bewegen und nicht eine Hand, meist ist es die biegungsinnere, ins Drücken oder Ziehen gerät. Entspannen Sie immer wieder Ihren Körper.

BITTE BEACHTEN

- Reiten Sie diese Übung im verkürzten Schritt. So haben Sie Zeit, sich selbst zu kontrollieren und prompt auf das Pferd einzustellen.
- Der natürlichen Schiefe des Pferdes entsprechend, wird es auf der einen Hand geschmeidig Schulterherein gehen und Schwierigkeiten im Travers haben. Auf der anderen Hand wird es genau anders herum sein. Der Travers fällt ihm leicht, es wird ihm jedoch schwerer fallen, seine Schultern ins Innere der Bahn zu versetzen. Es wird versuchen, mit den Schultern auf dem Hufschlag zu bleiben und die Abstellung des Halses zu vergrößern.

Wechsel zwischen Schulterherein und Renvers ●●●

Bei der Übung „Schulterherein-Renvers“ **bleiben die Hufspuren auf gleicher Linie, während das Pferd seine Biegung wechselt. Für den Reiter ist diese Lektion sehr anspruchsvoll, weil er seine gesamte Hilfengebung sanft verändern und das Gleichgewicht des Pferdes beeinflussen muss.**

DAS PFERD

Das Pferd bewegt sich nach innen gebogen im Schulterherein. Auf entsprechende Hilfen reagierend, wechselt es seine Biegung. Es ist jetzt nach außen gebogen und wechselt im Gleichgewicht von der vermehrten Belastung der äußeren Schulter in Schulterherein auf die innere Schulter im Renvers, die nun die biegungsäußere ist.

DER REITER

Das Gewicht des Reiters bleibt auf der äußeren Gesäßhälfte. Der Oberkörper wendet sich zunächst mit den Pferdeschultern zur Bahnmitte und dann im Renvers parallel zu den Schultern des Pferdes auf die Linie des zweiten Hufschlags. Die Wendung des Oberkörpers im Zusammenspiel mit den Schenkel- und Zügelhilfen leitet das Umbiegen und Umstellen des Pferdes ein und unterstützt die Verlagerung des Gleichgewichts von der einen zur anderen Schulter. Das innere Hinterbein trägt in beiden Seitengängen die vermehrte Last, sodass die Beweglichkeit des Schultergürtels besonders gefördert wird. Der innere Schenkel treibt am Gurt, im Wechsel zum Renvers wird der vorwärts-seitwärts treibende Schenkel etwas zurückgenommen, um klaren Einfluss auf die Hinterhand zu haben.

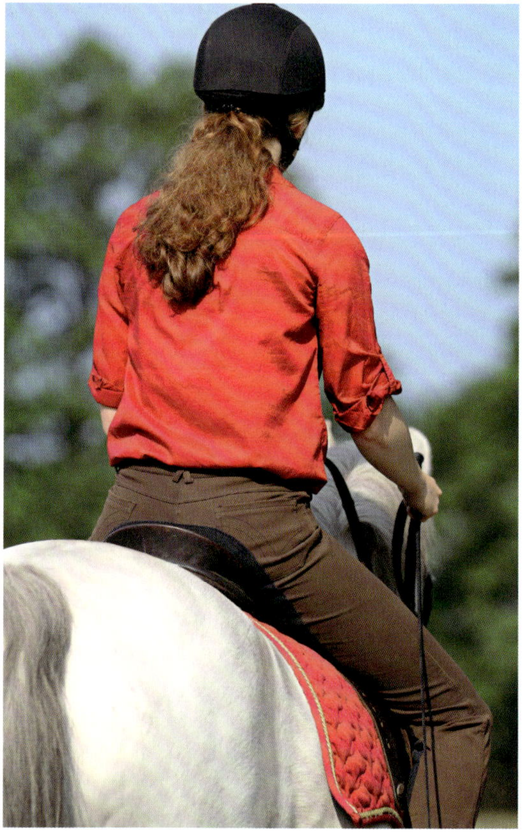

Gut ist hier die äußere Hand, die den Schultergürtel nach rechts leitet. Die Reiterin könnte ein wenig mehr links belasten.

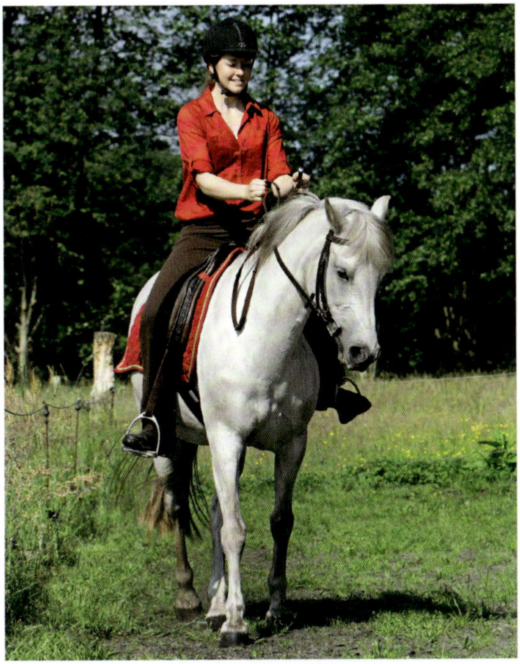

Schulterherein auf drei Hufschlägen. Die Reiterin gibt im Moment ein Demi-Arrêt, um das Absenken des Kopfes zu verhindern.

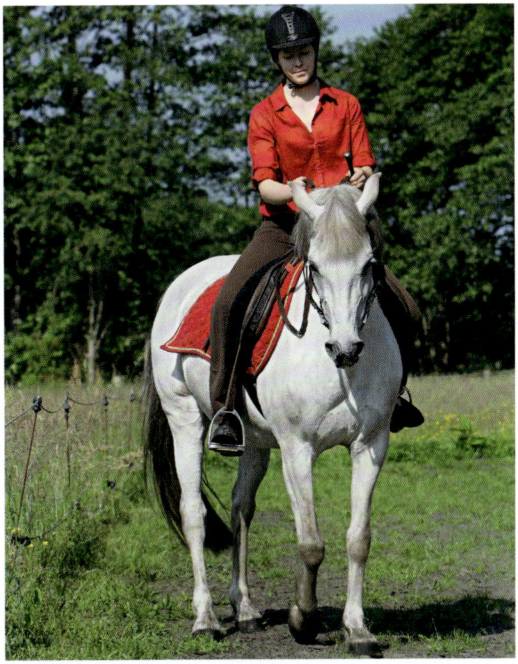

Das Pony geht hier auf vier Hufschlägen, größer darf die Abstellung nicht sein. Auch im Renvers sollen die Hinterbeine nicht kreuzen.

TIPP

Da die meisten Pferde in einer Biegung zum Verwerfen neigen, korrigieren Sie dies gewissenhaft. Achten Sie darauf, dass Sie Ihre Hüftgelenke nicht festhalten und dabei den im Schulterherein äußeren Schenkel wegstrecken. Während dieses Wechsels wendet der Reiter seinen Oberkörper immer parallel zu den Pferdeschultern.

BITTE BEACHTEN

- Besondere Beachtung verdient das Umfassen der Zügel während der Biegungswechsel. Der biegungsinnere Zügel im Schulterherein wird im Wechsel ins Renvers derart verlängert, dass er die Führung des Pferdes, insbesondere die der Pferdeschultern, erhält, aber auch nachgiebig genug ist, um die neue Biegung zuzulassen.
- Der biegungsäußere Zügel im Schulterherein gibt im Wechsel die Führung an den anderen Zügel ab, wird dann verkürzt, um sanft, aber konsequent die neue Biegung abzufragen. Dazu ist es sinnvoll, die Hand etwas anzuheben.

Die Hinterhand schwingen lassen ●●●

Eine gymnastizierende Übung, um die Mobilität des Rückens, insbesondere die der Lendenwirbelsäule zu trainieren, ist der Wechsel zwischen einer traversartigen Bewegung nach rechts und links auf einer geraden Linie. Im Idealfall bewegen sich die Vorderbeine geradeaus und die Hinterhand schwingt in einer Vorwärts-Seitwärts-Bewegung von rechts nach links.

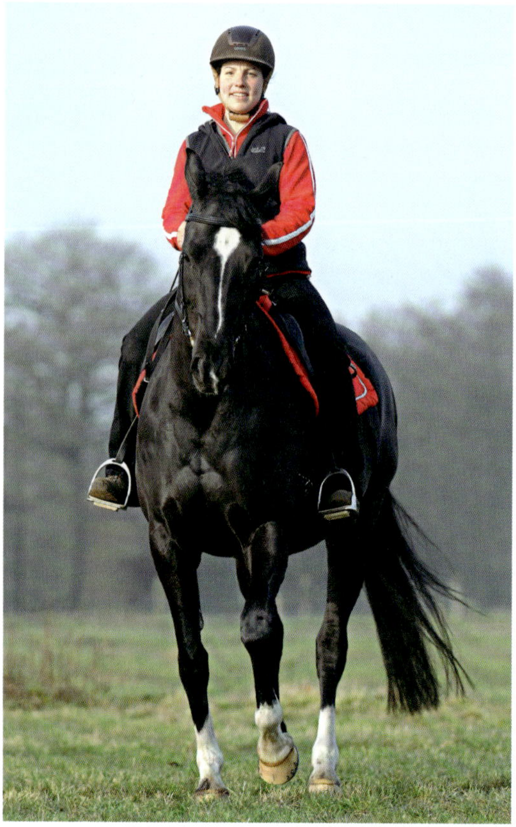

Der rege Wechsel beider Biegungen ist sehr hilfreich.

DAS PFERD

Reiten Sie diese Übung zunächst im Schritt. Im Links-Travers ist das Pferd nach links gebogen, dabei trägt die Beinpaardiagonale hinten-rechts und vorn-links mehr Gewicht. Nach dem Wechsel trägt im Rechts-Travers die andere Diagonale vermehrt die Last. Dieser Wechsel trainiert also beide Körperseiten. Die vermehrte Aktivität beider Hinterbeine wird dabei geschult, genauso wie die Biegsamkeit zu beiden Seiten.

DER REITER

Sie sitzen mittig zu Pferde und reiten auf einer freien Linie geradeaus. Sie belasten vermehrt Ihre linke Gesäßhälfte, legen Ihren rechten Schenkel leicht zurück und treiben Ihr Pferd vorwärts-seitwärts. Ihre Hände kontrollieren die Position der Pferdeschultern, damit sie auf einer Linie bleiben und Ihre linke Hand stellt und biegt Ihr Pferd. Während des Wechsels belasten Sie Ihr Gesäß gleichmäßig und treiben das Pferd bewusst geradeaus. Sie richten es für einen kurzen Moment gerade, um dann Ihren rechten Gesäßknochen mehr zu belasten, das linke Bein mehr zurückzulegen, das Pferd nach rechts zu stellen und zu biegen und erneut vorwärts-seit-

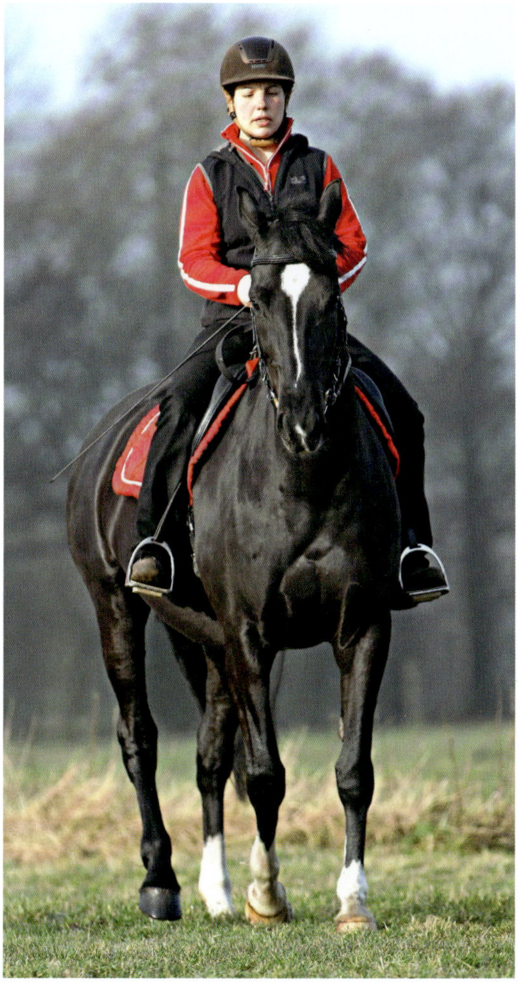

Passen Sie die Hilfen den Bedürfnissen Ihres Pferdes an. Es wird auf einer Seite leicht reagieren und sich auf der anderen Seite schwerer tun.

TIPP

Wenn Sie einen Spiegel zur Verfügung haben, sollten Sie ihn unbedingt nutzen und frontal auf den Spiegel zureiten. Dadurch haben Sie sich selbst als Zielpunkt und können die Hinterhand des Pferdes in Aktivität und Abstellwinkel gut beobachten. Sie werden sehen, dass Ihr Pferd auf der einen Seite den Abstellwinkel vergrößern will. Sie können das Ausweichen, Seitwärtsdrängen oder Verwerfen nicht nur fühlen, sondern auch sehen und prompt reagieren. Lösen Sie Ihre Probleme zunächst mit einem klaren Schub ins Vorwärts-Geradeaus und beginnen Sie aufs Neue.

wärts zu treiben. Wichtig ist, dass in beiden Travers der jeweilig innere Schenkel entspannt bleibt und am Pferdeleib liegt. Insgesamt ist diese Übung hilfreich, um sich als Reiter nicht in der Seitwärtsbewegung zu verlieren, sondern im Vorwärts im Bewegungsfluss zu bleiben.

BITTE BEACHTEN

- Bitte reiten Sie bei jedem Wechsel ganz bewusst eine Pferdelänge geradeaus, erst dann leiten Sie den Wechsel ein. Das ist wichtig, um den Vorwärtsimpuls des Pferdes zu erhalten und um Ihren Körper und die Hilfengebung auf die neue Variante einzustellen.
- Beachten Sie ganz bewusst die gleichmäßige Vorwärtsbewegung der Vorhand, die sich unabhängig vom Travers rechts oder links oder während des Wechselns auf einer geraden Linie bewegen soll.

Wechsel zwischen allen Seitengängen ●●●

Im Wechsel vom Schulterherein zum Renvers, Konterschulterherein, Travers und wieder ins Schulterherein verändert der Reiter entweder die Position der Beine oder die Stellung und Biegung des Pferdes. Da das Gleichgewicht bei jedem Wechsel verschoben wird, stellt diese Übungsabfolge die Königsklasse des Reitens in den Seitengängen dar.

DAS PFERD

Wenn Sie zwischen allen vier Seitengängen wechseln, sollte dabei das Pferd entweder die Biegung beibehalten und nur die Position der Beine wechseln oder die Position der Beine beibehalten und die Stellung und Biegung verändern. Bei jedem Wechsel wird das Gleichgewicht verschoben und das Pferd muss sich neu ausbalancieren. Das Pferd bleibt in Durchlässigkeit und Légèreté mobil im Maul, flexibel in den Biegungen zu beiden Seiten und leicht in der Hand. Die Impulsion, also der unbedingte Gehorsam auf die Schenkel des Reiters, ist Voraussetzung für den Bewegungsfluss.

DER REITER

Diese Übungsabfolge ist eine Herausforderung an die Koordination des Reiters. Es ist wichtig, dass Sie sehr bewusst Ihren Sitz und Ihre Gewichtshilfen, gegebenenfalls auch die Wendung des Oberkörpers nutzen, um das Pferd im geschmeidigen Wechsel und innerhalb des einzelnen Seitengangs zu unterstützen. Beginnen Sie auf der linken Hand auf einem Quadrat, zum Beispiel halbe Bahn. Wechseln Sie die Seitengänge jeweils in der Mitte der Seite. Beginnen Sie im Schulterherein links. Im ersten Wechsel behalten Sie die Biegung bei und wechseln auf gleicher Linie bleibend ins Travers. Im zweiten Wechsel bleibt die Position der Beine des Pferdes gleich, Sie ändern Ihren Sitz und wechseln ins Konterschulterherein. Im dritten Wechsel behalten Sie die Biegung bei und bringen die Vorhand des Pferdes nach innen, die Hinterhand auf den Hufschlag und reiten weiter im Renvers. Im letzten Wechsel behält Ihr Pferd die Position der Beine bei, wechselt erneut die Biegung und geht weiter im Schulterherein links.

BITTE BEACHTEN

- Achten Sie grundsätzlich auf Impulsion und das gleichmäßige Vorwärts Ihres Pferdes. Verändern Sie Ihr Gewicht und Ihren Sitz sowie die Position Ihrer Hände sehr bewusst. Kontrollieren Sie die Position der Schultern Ihres Pferdes.
- Ihr Pferd soll im Gleichgewicht, Anlehnung und Bewegungsfluss gleichmäßig beibehalten.
- Achten Sie darauf, dass Ihre biegungsinnere Hand, egal in welchem Seitengang, nicht über den Widerrist drückt, sondern leicht einwirkt.

1
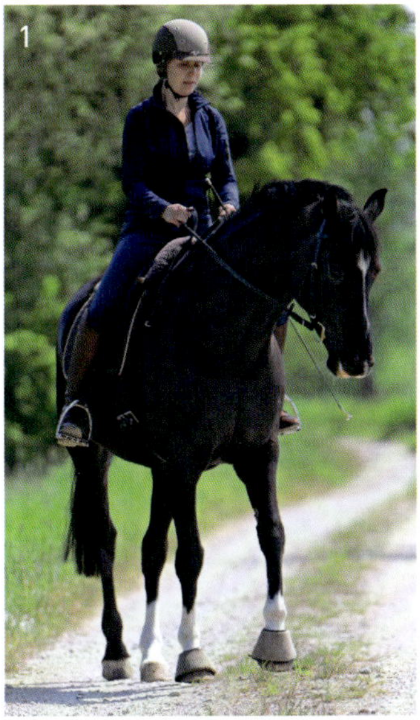

2
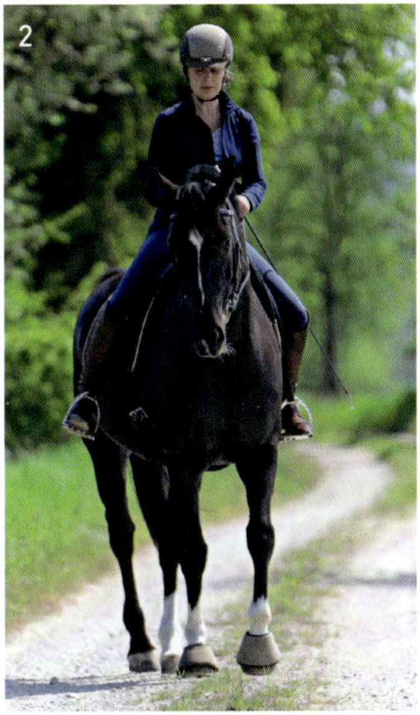

TIPP

Reiten Sie diese Übung, auch wenn Sie alle Varianten der Seitengänge abfragen, in einem Viereck auf beiden Händen. Auch bei guter Schulung werden Sie Unterschiede im Grad der Leichtheit der Ausführung bemerken.
Reiten Sie alle Seitengänge auch mal mit einer Hand. Sie werden erstaunt sein, dass das Pferd gut und leicht auf die Hilfen reagiert. Die Übung gelingt so besser.

3
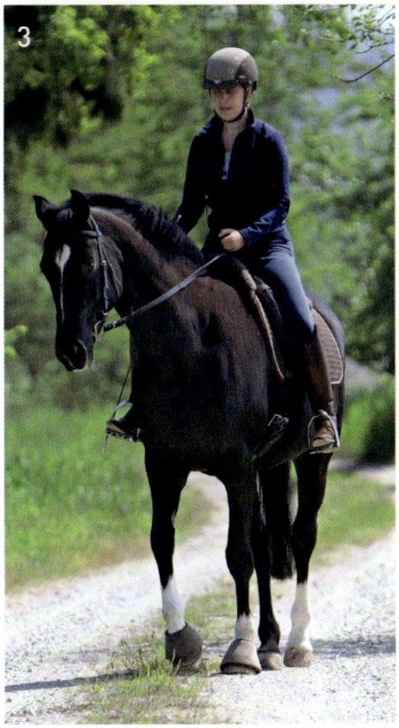

4
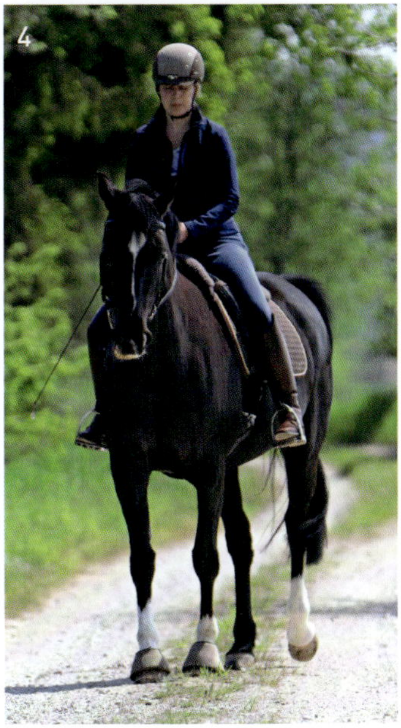

1 Wir beginnen im Schulterherein. Das Pferd ist links gestellt und gebogen. Das Gewicht der Reiterin ist rechts, der Oberkörper wird nach rechts gewendet.

2 Der Wechsel ins Renvers. Das Pferd ist nach rechts gestellt und gebogen. Die Position der Beine bleibt gleich, die Reiterin blickt geradeaus.

3 Sie wechselt ins Konterschulterherein. Stellung und Biegung bleiben gleichmäßig rechts, während die Position der Beine wechselt.

4 Der Wechsel ins Travers. Das Pferd wird nach links gestellt und gebogen. Sie könnte nun auch wieder im Schulterherein links weiterreiten.

Traversalen ●●●

Die Traversale ist eine traversartige Bewegung quer durch die Bahn. Wenn Sie Travers auf die Bahnfigur „Durch die ganze Bahn wechseln" legen, wird aus dem Travers eine Traversale. Die Bewegungen des Pferdes und Ihre Hilfengebung entsprechen dem Travers.

DAS PFERD

Die Traversale beginnt in der Regel zu Beginn der langen Seite mit dem Wenden des Pferdes für wenige Schritte, Tritte oder einen Galoppsprung ins Schulterherein. Währenddessen richtet sich der Blick von Pferd und Reiter auf den Zielpunkt.

Ab jetzt bewegt sich das Pferd wie im Travers an einer gedachten Linie diagonal durch die Bahn. Es ist dabei in Bewegungsrichtung gestellt und gebogen und bewegt sich vorwärts-seitwärts.

Je nach Lage des Zielpunkts ist der Abstellwinkel von der langen Seite aus unterschiedlich. Der Bewegungsfluss bleibt jedoch in Bezug zur Diagonale in einem Winkel von 35 bis 45 Grad.

In der Traversale fußt das äußere Hinterbein unter den Schwerpunkt des Pferdes. Das innere Hinterbein greift nach vorwärts-seitwärts in Bewegungsrichtung. Das Pferd ist leicht und mobil im Schultergürtel. Das Genick ist der höchste Punkt des Pferdes. Das Maul ist mobil, das Pferd geht in Selbsthaltung.

Es gilt als Fehler, wenn die Hinterhand vor der Vorhand am Zielpunkt ankommt. Man spricht dann vom „Führen der Hinterhand". Das ist ein Zeichen für einen zu großen Abstellwinkel. Dadurch geht das Pferd mehr seitwärts als vorwärts.

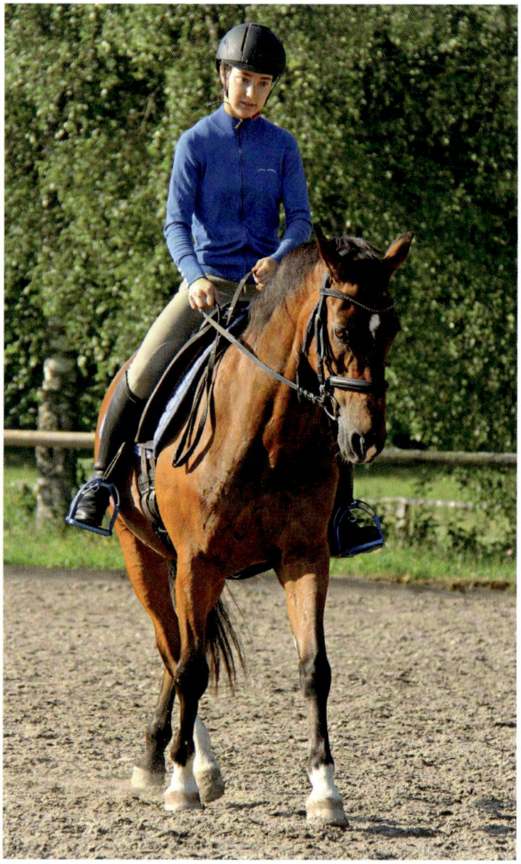

Traversalen sind gymnastizierende Lektionen, die schön anzusehen sind.

DER REITER

Grundsätzlich ist die Hilfengebung des Reitens einer Traversale analog zu der im Travers. Sie sitzen in Bewegungsrichtung, das innere Bein liegt am Gurt und erhält bei Bedarf den Vorwärtsschub. Das äußere Bein wird leicht zurückgelegt und treibt vorwärts-seitwärts. Der Blick des Reiters richtet sich durch die Ohren des Pferdes hindurch auf den Zielpunkt. Der äußere Zügel führt, der innere Zügel biegt. Die Hände wirken aufeinander abgestimmt ein. „Ihre rechte Hand soll fühlen, was die linke tut!“, rät Philippe Karl. Durch seitliche Verschiebung beider Hände – ein Zügel wird am Hals angelegt, während die andere Hand Abstand zum Hals hält und der Schulter Platz lässt – wird der Abstellwinkel der Schultern in Bezug zur Hinterhand eingestellt und gegebenenfalls korrigiert.

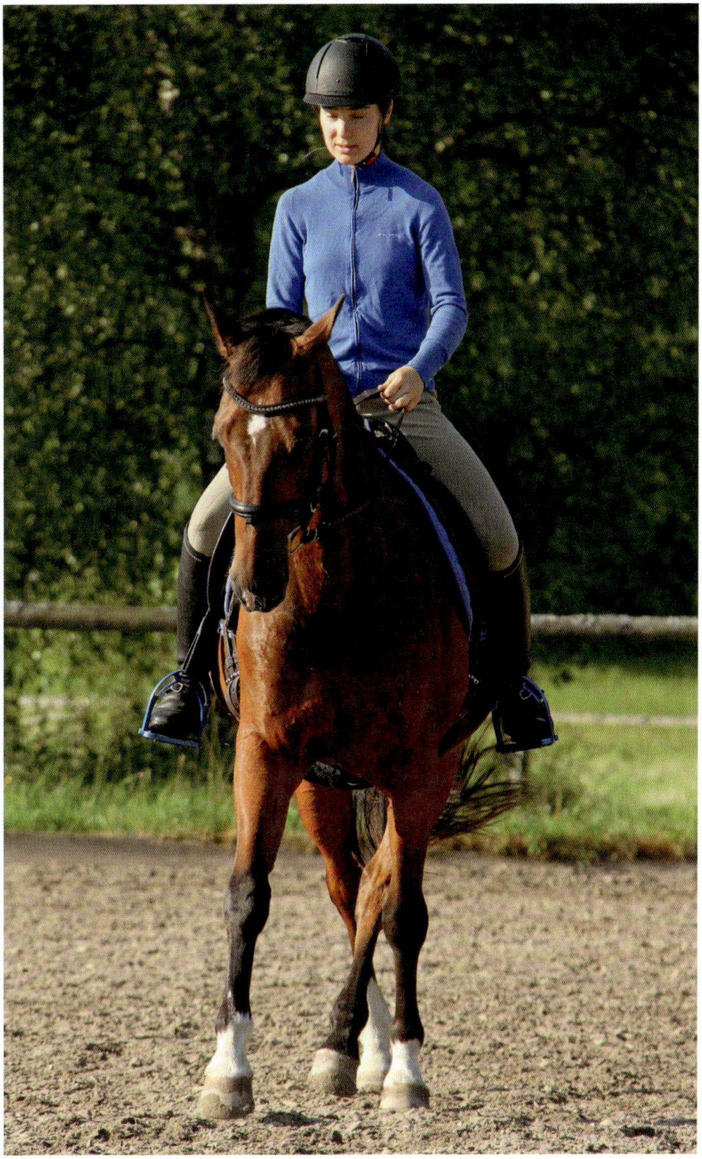

Taktreine Vorwärts-Seitwärts-Bewegungen sind die unbedingte Grundlage für ausdrucksstarke Traversalen.

BITTE BEACHTEN

- Legen Sie zunächst eine einfache Linienführung an. Beginnen Sie beim Wechselpunkt und traversieren Sie in Richtung X, dem Bahnmittelpunkt. Dann reiten Sie auf der Mittellinie geradeaus weiter in Richtung Mitte der kurzen Seite. Bleiben Sie auf der gleichen Hand und beginnen Sie erneut zu Beginn der langen Seite.
- Wenn die Hinterhand führt, können Sie auch die „Treppe" mit Wechseln zwischen Schulterherein und Travers reiten. Dabei bleiben die Biegung und Position der Beine gleich. Durch die Richtungsänderung von Treppenstufe zu Treppenstufe muss das Pferd jedoch in seinem Abstellwinkel gleichbleiben. Der Wechsel zum Schulterherein kann nur funktionieren, wenn die Vorhand führt. Denken Sie dabei an die Verlagerung Ihres Gewichts von innen nach außen.
- Wenn Ihr Pferd die Biegung verliert, wenden Sie sofort in eine Volte ab und biegen Sie Ihr Pferd dabei deutlich nach innen. Erst wenn es in der Biegung nachgegeben hat, führen Sie die Traversale auf ihrer Linie wieder weiter fort.

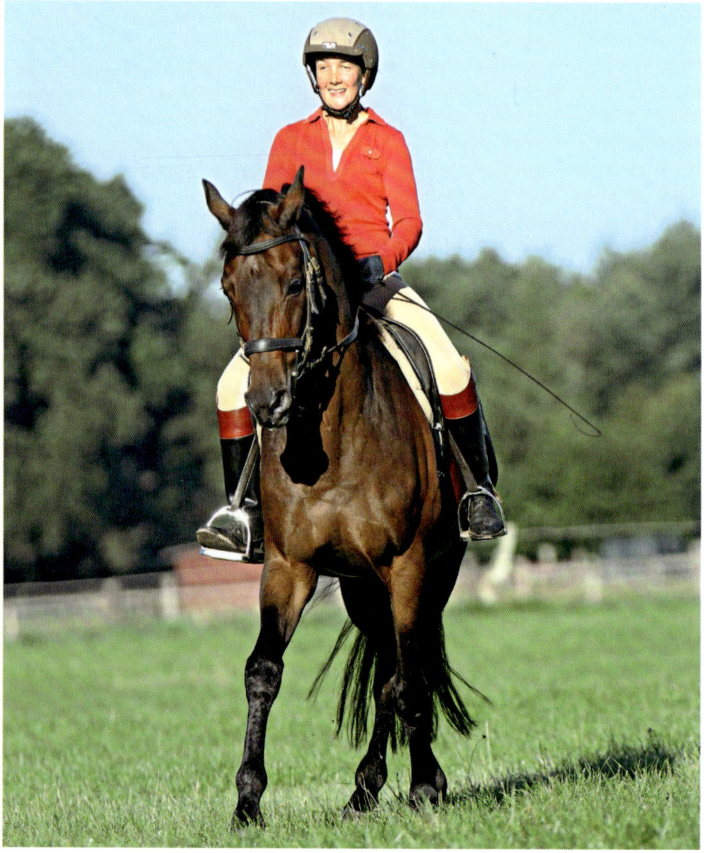

In der Lernphase kontrollieren Sie regelmäßig den Vorwärtsimpuls, die Stellung und Biegung sowie die Linienführung.

- Wenn Ihr Pferd auf die innere Schulter fällt und zur Seite weicht, bringen Sie Ihr Gewicht nach außen, öffnen Sie den äußeren Zügel und halten Sie den inneren Zügel so, dass der Zügel den Hals berührt. Neck-Reining ist das Schlagwort. So helfen Sie dem Pferd, mehr die äußere Schulter zu belassen.
- Wenn Ihr Pferd „mogelt" und mehr vorwärts als seitwärts geht, unterstützen Sie den äußeren vorwärts-seitwärts treibenden Schenkel mit der Gerte. Achten Sie dabei darauf, dass Sie wäh-

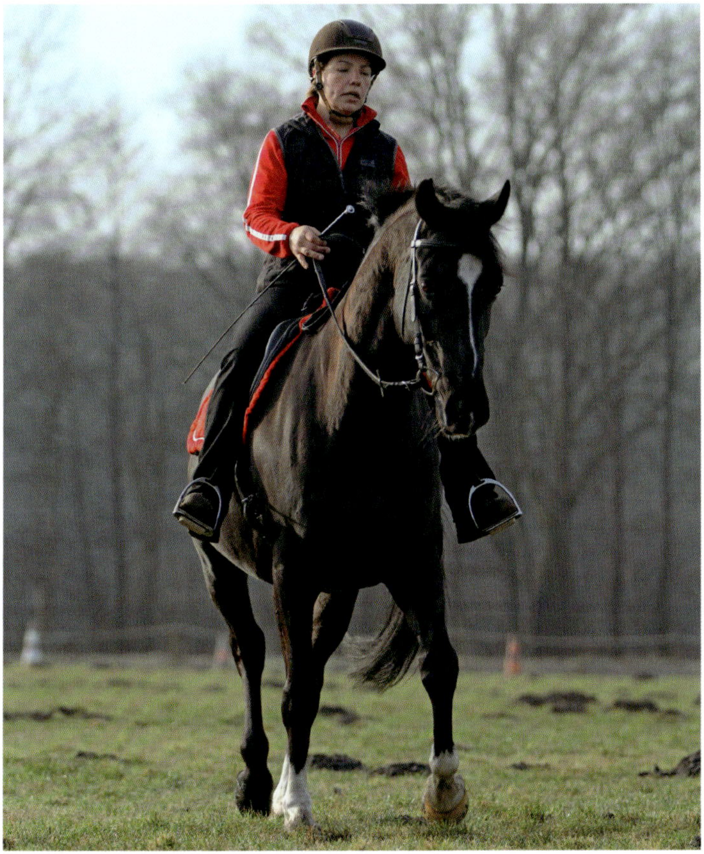

Der Blick von Reiter und Pferd ist zielgerichtet. Daher ist es wichtig, die Zielpunkte auch mal zu verlagern und sich neu auszurichten.

TIPP

Schnell werden Sie feststellen, dass auch Traversalen dem Pferd in die eine Richtung ganz leicht fallen und auf der anderen Seite schwierig zu bewältigen scheinen. Auf dieser Seite fällt es dem Pferd schwer, sich zu stellen und zu biegen und sich dabei noch in die Biegungsrichtung zu bewegen. Beginnen Sie mit wenigen Schritten, später Tritten oder Sprüngen, reiten Sie in kurzen Reprisen. Loben Sie Ihr Pferd, wenn ein oder zwei Schritte gut klappen und wiederholen Sie diese. Wenn Durchlässigkeit oder die Légèreté das Maß der Qualität ist, werden Sie feststellen, dass nach und nach immer mehr Schritte gelingen.

rend des Einsatzes der Gerte auf keinen Fall im Maul ruckeln. Die äußere Hand muss deutlich breiter geführt werden und der Zügel dementsprechend verlängert werden, damit die Gerte zügelunabhängig die Hinterhand touchieren kann. Der innere Zügel liegt hierbei am Hals, Ihr Gewicht ist deutlich innen. In diesem Fall können Sie die Traversale, anstatt geradeaus zu reiten, im Renvers enden lassen, um den Schenkelgehorsam des Pferdes zu überprüfen.

Ideen und Tipps – Was tun, wenn …?

So gelingen die Seitengänge: **Vorab sichern Sie, dass die Beine des Pferdes sich wie gewünscht bewegen. Ihr Pferd muss jederzeit prompt auf den Schenkel reagieren. Erst danach sichern und verbessern Sie die gewünschte Biegung und Beizäumung. Ihre Hand darf das Pferd nicht zur Seite drücken wollen.**

SCHULTERHEREIN UND KONTER-SCHULTERHEREIN

Die Biegung geht verloren

- Überprüfen Sie die Lage des inneren Schenkels. Legen Sie den inneren Schenkel nicht nach hinten.
- Bauen Sie eine Volte ein. Bei Bedarf wenden Sie jeweils nach wenigen Schritten oder Tritten in eine Volte ab, dadurch verbessern Sie die Biegung.

Das Vorwärts geht verloren

- Wenden Sie dahin ab, wohin das Pferd gerade schaut, reiten Sie einen halben Zirkel richtig vorwärts mit etwas Dehnung, reiten Sie dann wieder Schulterherein und erhalten Sie das Vorwärts. Bei Bedarf wiederholen Sie das auch mehrmals.

Das Pferd weicht ins Vorwärts aus

- So wie das Pferd mehr Tempo entwickelt als gefordert, parieren Sie durch, wenn nötig, bauen Sie das Halten und Rückwärtsrichten ein. So regen Sie das Pferd dazu an, mehr Gewicht auf die Hinterhand zu nehmen.

Das Pferd klebt mit der Schulter an der Wand

- Erarbeiten Sie zunächst die korrekte Abstellung mit sehr geringer Biegung. Wechseln Sie Stellung und Biegung bei gleichbleibender Abstellung. Nehmen Sie die korrekte Biegung erst dazu, wenn der Schultergürtel leichter zu beeinflussen ist. Wählen Sie ein ruhiges Tempo.

Das Pferd stellt sich fast quer

- Wenn das Pferd auf das Hineinführen des Schultergürtels übertrieben reagiert, reduzieren Sie die Intensität der Hilfen. Reiten Sie zunächst mit Bedacht nur Schultervor mit geringer Abstellung.
- Aufgrund seiner natürlichen Schiefe wird das Pferd auf der einen Hand die Biegung übertreiben und mit der Schulter an der Wand kleben. Auf der anderen Hand wird es die Abstellung übertreiben und die Biegung verlieren oder verweigern. Nehmen Sie sich ein Thema nach dem anderen vor. Achten Sie zunächst auf die korrekten Bewegungen der Pferdebeine, dann verbessern Sie die Biegung und als Letztes korrigieren Sie die Kopf-Hals-Position.

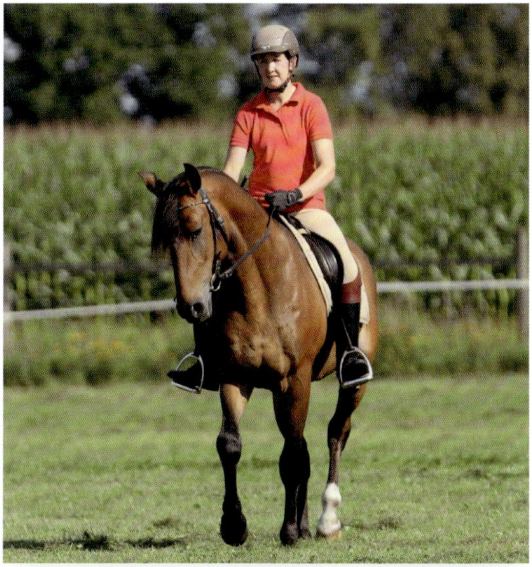

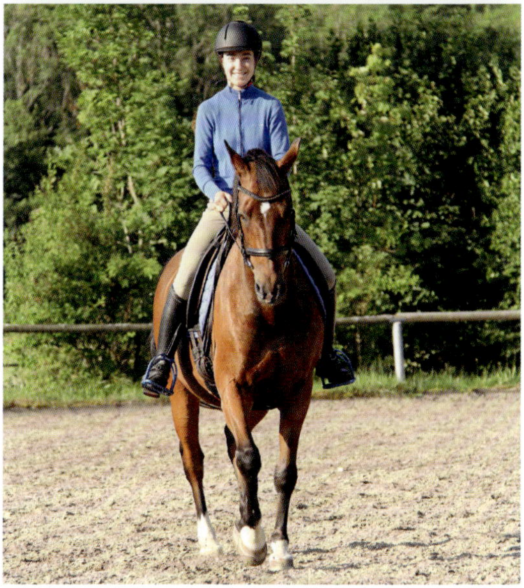

Auch auf freien Flächen macht Abwechslung zwischen den verschiedenen Seitengängen Freude. So unterstützen Sie Mobilität und Gymnastizierung des Pferdes entscheidend.

RENVERS, TRAVERS UND TRAVERSALEN

Die Biegung geht verloren

- Überprüfen Sie die Lage Ihrer Beine. Strecken Sie den inneren Schenkel nicht nach vorn.
- Bauen Sie eine Volte ein. Leiten Sie diese ein, nachdem Sie den Schultergürtel vor die Hinterhand geführt haben. Bei Bedarf bauen Sie jeweils nach wenigen Schritten oder Tritten eine Volte ein, auf der Sie die Biegung verbessern.

Das Vorwärts geht verloren

- Schicken Sie Ihr Pferd ins Vorwärts und Geradeaus, reiten Sie einen halben Zirkel richtig vorwärts mit etwas Dehnung. Beginnen Sie dann wieder Travers und übernehmen Sie das Vorwärts. Bei Bedarf wiederholen Sie das auch mehrmals.

Das Pferd weicht ins Vorwärts aus

- So wie das Pferd mehr Tempo entwickelt als gefordert, parieren Sie durch, wenn nötig, bauen Sie Halten und Rückwärtsrichten ein, um das Pferd dazu anzuregen, mehr Gewicht auf die Hinterhand zu nehmen.

Das Pferd stellt sich fast quer

- Wenn das Pferd auf das Hineinführen der Hinterhand übertrieben reagiert, reduzieren Sie die Intensität der Hilfen. Reiten Sie mit Bedacht Travers mit ganz geringer Abstellung. Modifizieren Sie Ihre Hilfen, indem Sie einen Schritt oder Tritt vorwärts reiten und einen Vorwärts-Seitwärts.

Beliebte Lektionen kombinieren

Um ein Pferd umfassend gymnastizieren zu können, ist es sehr hilfreich, verschiedene Lektionen abwechslungsreich miteinander zu kombinieren. Bei all den folgenden Übungen ist es wichtig, dass Sie die Lektionen auf beiden Händen gleichmäßig reiten. Auf diese Weise werden Pferd und Reiter ganzheitlich im Fleiß, in der Flexibilität und im Gleichgewicht trainiert.

DIE ACHT

Die Acht ist eine ältere Bahnfigur, in der sich Volte nach rechts und Volte nach links abwechseln. Der häufige Biegungswechsel verbessert die Durchlässigkeit, Geschmeidigkeit und Anlehnung Ihres Pferdes. So gleicht sich nach und nach die natürliche Schiefe des Pferdes aus. Je nach Ausbildungsstand können die Volten im Durchmesser von zehn oder acht Metern variieren. Zu Beginn dürfen die Volten auch größer sein. Achten Sie auf den Erhalt des Tempos und auf eine geschmeidige Biegung. Reiten Sie den Biegungswechsel gefühlvoll und beachten Sie, dass das Pferd kaut und nachgiebig im Genick bleibt. Auf die Feinabstimmung Ihrer Hilfen kommt es an.

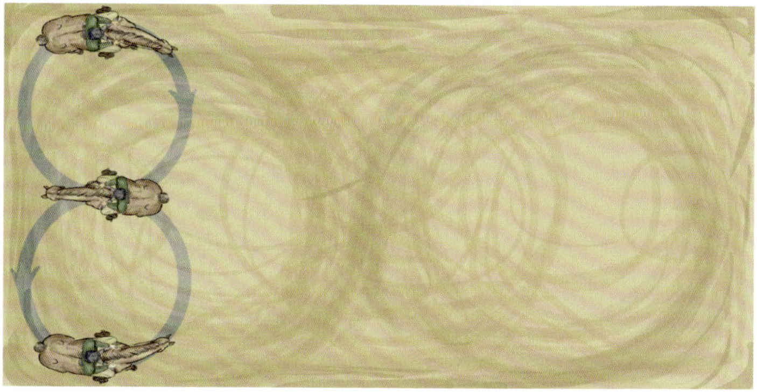

In der Acht ist es besonders wichtig, dass die äußeren Hilfen das Pferd lenken und begrenzen. Die Biegung entsteht durch die inneren Hilfen. Die innere Hand ist nachgiebig.

ABWECHSLUNGSREICHE ZIRKEL

Der Zirkel ist eine sehr sinnvolle Bahnfigur, kann aber Runde um Runde auch sehr langweilig sein. Das Pferd muss auf der gleichmäßig gebogenen Linie die äußere Körperseite dehnen und die innere verkürzen. Durch häufige Hand- und auch Biegungswechsel erhöhen Sie den gymnastischen Effekt. Machen Sie sich bei gutem Grundtempo stets bewusst, welche Hand biegt und welche lenkt. Achten Sie auf korrekte Gewichtsverteilung und angemessen treibende Hilfen. Variieren Sie Gangmaße und Gangarten, erhalten Sie dabei die gewünschte Anlehnung.

TUMMELT EUCH

Eine besondere Bahnfigur ist das Tummeln aus dem 17. Jahrhundert. Alle Lektionen sind im regen Wechsel erlaubt. Reiten Sie in der Bahnmitte. Wechseln Sie innerhalb einer Gangart das Tempo und wechseln Sie die Gangarten. Variieren Sie die Biegung von Innen- und Außenbiegung. Wechseln Sie zwischen Dehnungshaltung, Gebrauchshaltung und je nach Ausbildungsstand verschiedene Kopf-Hals-Positionen. Kombinieren Sie dies mit allen Seitengängen und all das in ganz kurzen Reprisen. Abwechslung und Aktivität fördern die Durchlässigkeit.

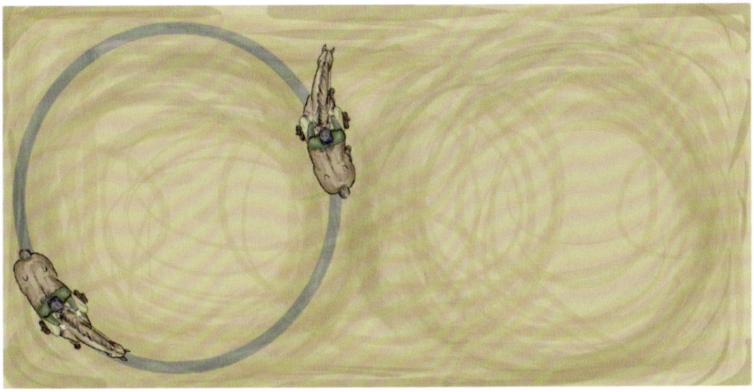

So wird das Reiten eines Zirkels zur Gymnastikeinheit: Wechseln Sie dabei nicht nur die Hand, sondern auch die Gangarten, die Gangmaße, die Biegung und die Kopf-Hals-Position.

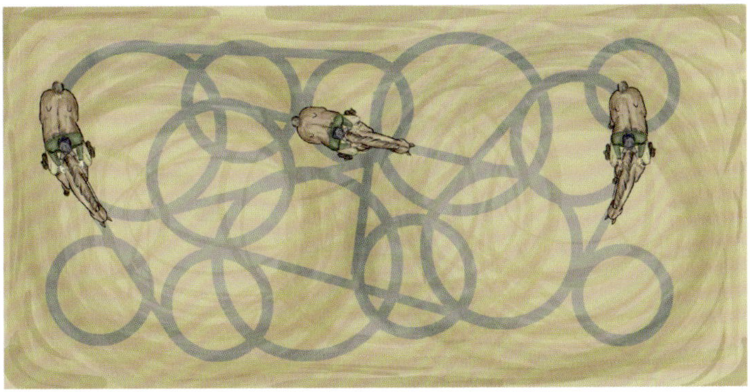

Anfangs mag es Ihnen fremd erscheinen, später werden Sie es lieben: Das Tummeln bringt Spaß und Abwechslung in jede Reiteinheit und gymnastiziert Ihr Pferd nachhaltig.

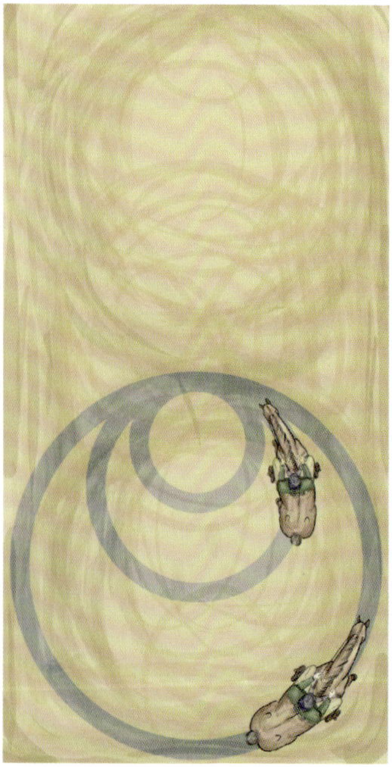

Nach und nach können Sie die Volte auch an jeder Stelle des Zirkels anlegen.

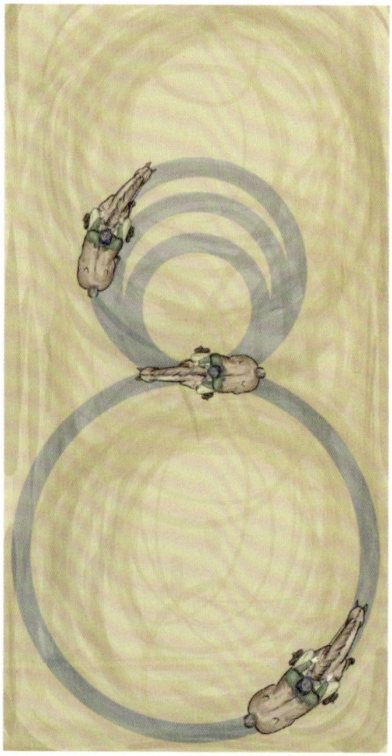

Beginnen Sie mit einer größeren Volte, die Sie nach und nach verkleinern.

ZIRKEL UND VOLTEN NACH INNEN

Reiten Sie einen gleichmäßig runden Zirkel. Führen Sie das Pferd an den äußeren Hilfen, während der innere Zügel Stellung und Biegung sichert. Im gleichmäßigen Vorwärts können Sie an jedem Zirkelpunkt, je nach Ausbildungsstand, eine zehn, acht oder sechs Meter große Volte nach innen einbauen. Damit wird vom Pferd vorübergehend deutliche Längsbiegung gefordert und am Ende fühlt sich das Pferd auf der Zirkellinie geschmeidiger an. Um die Führung und Durchlässigkeit zu überprüfen, bietet sich das Überstreichen am inneren Zügel an.

ZIRKEL UND VOLTE NACH AUSSEN

Um die Balance eines Pferdes zu verbessern, ist es sinnvoll, die Biegung häufig zu wechseln. Das geht natürlich nur beim Bahnmittelpunkt X. Dazu reiten Sie Ihr Pferd wie gewohnt fleißig vorwärts in Innenstellung auf dem Zirkel. Vor X wechseln Sie die Biegung, verlagern Ihr Gewicht und reiten eine zehn, acht oder sechs Meter große Volte nach außen, kommen danach wieder zurück auf den Zirkel und wechseln erneut die Biegung. Das ist anspruchsvoll, schult die gleichmäßigen Schenkel- und Zügelhilfen sowie das Verlagern des Gewichts.

ZIRKEL UND ACHT IM WECHSEL

Mit zunehmender Geschmeidigkeit und Versammlungsfähigkeit Ihres Pferdes können Sie die Zirkel mit einer Volte nach innen oder nach außen mit einer Acht kombinieren. Dabei können Sie eine Zehn-Meter-Volte nach innen und eine Volte nach außen bei X reiten. Alternativ können Sie auch die gesamte Acht in die Zirkelmitte verlegen. Reiten Sie dazu an beliebiger Stelle eine Volte nach innen, dann noch eine halbe Volte, um dann in der Zirkelmitte die Hand zu wechseln und nach anderthalb Volten wieder auf die Zirkellinie zurückzukehren.

ANGALOPPIEREN AUS DER EINFACHEN SCHLANGENLINIE

Reiten Sie eine einfache Schlangenlinie an der langen Seite, ohne dabei die Biegung zu wechseln. Wenn das gut klappt, galoppieren Sie Ihr Pferd bei Erreichen des Hufschlags im Innengalopp an. Besonders bei Pferden, die aufgrund Balancethemen oder ihrer natürlichen Schiefe falsch angaloppieren, kann diese außergewöhnliche Linienführung helfen. Sitzen Sie dabei in Bewegungsrichtung und achten Sie im Übergang auf das Nachgeben des inneren Zügels, damit die innere Schulter des Pferdes frei nach vorn springen kann.

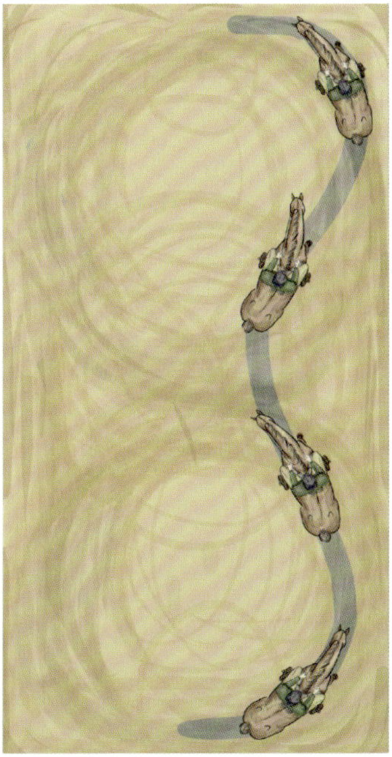

Achten Sie im Übergang zum Galopp auf das Nachgeben des inneren Zügels.

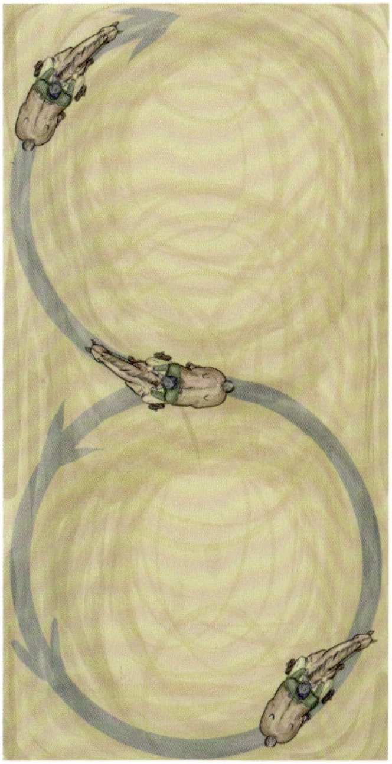

Am Bahnmittelpunkt X beim „Aus dem Zirkel wechseln" galoppieren Sie an.

AUS DEM ZIRKEL WECHSELN MIT ANGALOPPIEREN

Die folgende Übungskombination hat einen sehr guten Effekt in Bezug auf die Balance des Pferdes. Reiten Sie den Zirkel vorwärts in gleichmäßiger Außenstellung und Außenbiegung, beachten Sie dabei, dass der biegungsinnere – also der ursprünglich äußere – Zügel nicht das Pferd auf die Linie drücken will, sondern nur die Außenbiegung erhält. Bei X beim „Aus dem Zirkel wechseln" galoppieren Sie an. Auch diese Übung hilft Pferden, sich mehr und mehr auszubalancieren und den richtigen Galopp mit klarer Bergauftendenz zu finden.

DURCHPARIEREN NACH EINER VOLTE

Wenn Ihr Pferd die Paraden nicht durchlässig annimmt, bietet sich folgende Übung an. Reiten Sie ganze Bahn, bauen Sie beliebig oft eine Volte ein. Kurz vor Erreichen des Hufschlags parieren Sie Ihr Pferd zum Schritt durch, traben nach wenigen Schritten an und wiederholen das mehrmals. Achten Sie darauf, dass Ihr Pferd im Übergang zum Schritt in sich geradegerichtet ist. Die Größe der Volte richtet sich nach dem Ausbildungsstand des Pferdes. Beenden Sie nicht den Trab, sondern beginnen Sie den guten Schritt.

SCHULTERHEREIN, VOLTE UND TRAVERS

Der Wechsel zwischen Schulterherein und Travers fordert das Pferd auf, zwischen Mehrbelastung des inneren oder des äußeren Hinterbeins zu wechseln. Reiten Sie dazu ganze Bahn. Die erste Hälfte der langen Seite reiten Sie Schulterherein. Mitte der langen Seite reiten Sie eine Volte und daraus reiten Sie die zweite Hälfte der langen Seite Travers. Achten Sie auf Ihren äußeren Schenkel. Er darf in der Volte nicht zurückgelegt werden, da viele Pferde dann schon in der Volte mit dem Travers beginnen.

SCHULTERHEREIN UND TRAVERS IM DIREKTEN WECHSEL

Im höheren Ausbildungsstand können Sie auch im gleichmäßigen Tempo unmittelbar zwischen Schulterherein und Travers wechseln. Reiten Sie dazu ganze Bahn, beginnen Sie an der langen Seite mit Schulterherein. Vor der Mitte der langen Seite richten Sie Ihr Pferd gerade, stellen Stellung und Biegung wieder her und wechseln ins Travers. Achten Sie darauf, dass Sie zum Ende des Schulterhereins erst das Pferd geraderichten, also die Schulter vor die Hinterhand bringen und danach die Hinterhand ins Travers.

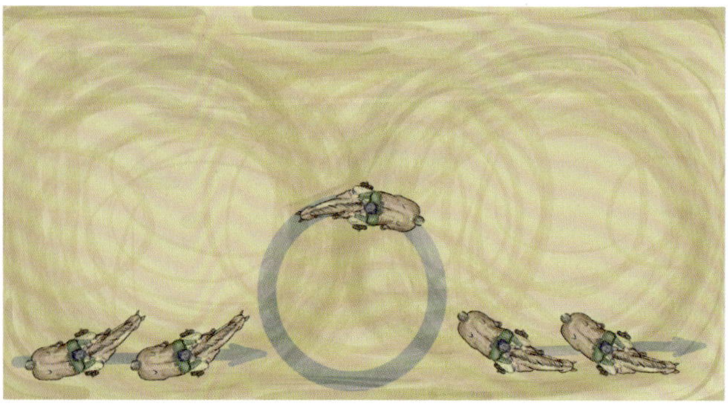

Beenden Sie die Volte ganz, bevor Sie am Hufschlag mit Travers beginnen.

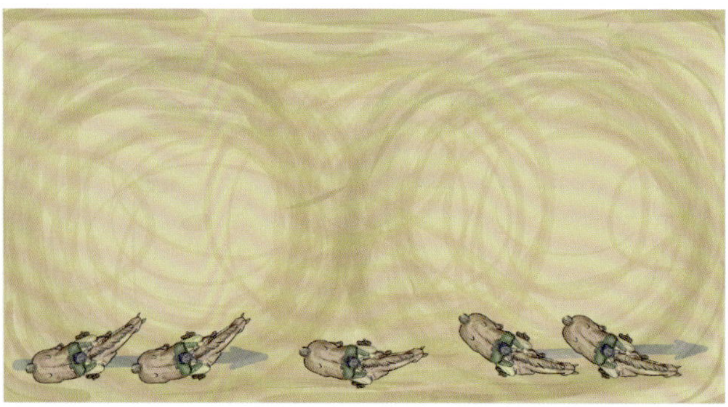

Bringen Sie erst die Vorhand auf den Hufschlag, bevor Sie Travers reiten.

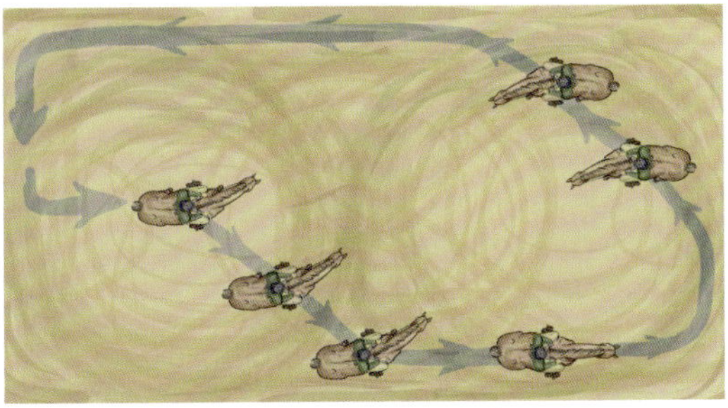

Das Schulterherein können Sie an der Mittellinie, zum Erlernen aber auch an den Viertellinien beginnen. So schulen Sie Gleichgewicht und Beweglichkeit.

SCHULTERHEREIN IN DER LÖSUNGSARBEIT

Wenn die Pferde regelmäßig in den Seitengängen geschult wurden, haben die Seitengänge auch im Leichttraben einen lösenden Effekt. Reiten Sie dazu ganze Bahn, wenden Sie auf die Mittellinie ab, wechseln den Fuß und reiten Ihr Pferd nach außen zur Bande im Schulterherein. Bei Erreichen des Hufschlags, wechseln Sie wieder den Fuß. Den meisten Pferden fällt das Vorwärts-Seitwärts auf der „falschen Diagonale" leichter. Achten Sie darauf, dass Ihr äußerer Zügel die äußere Schulter des Pferdes gut begrenzt.

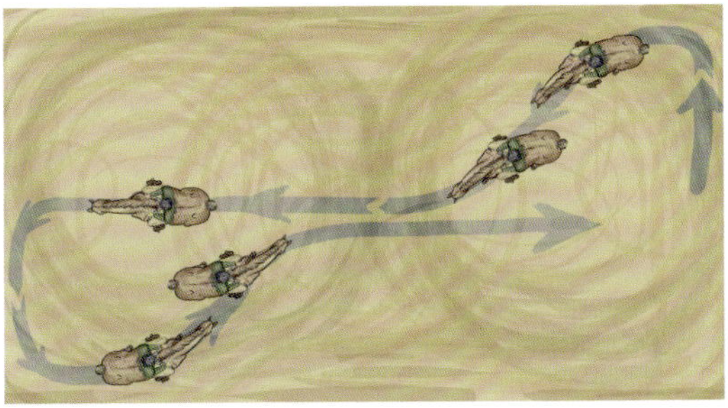

Auch Traversalen können Sie im Leichttraben reiten. Dazu bleiben Sie auf dem gewohnten Fuß.

TRAVERSALE IN DER LÖSUNGSARBEIT

Reiten Sie ganze Bahn. Beginnen Sie mit ein bis zwei Schritten oder Tritten Schulterherein nach der ersten Ecke der langen Seite, aus denen Sie mit der Traversale Richtung X beginnen. Beim Erreichen der Mittellinie richten Sie Ihr Pferd gerade, reiten zur Mitte der kurzen Seite, bleiben auf der gleichen Hand und wiederholen den Ablauf. Auf die Art und Weise brauchen Sie nicht die Hand zu wechseln und können immer wieder den Vorwärtsschub innerhalb der Traversalverschiebung erhalten und verbessern.

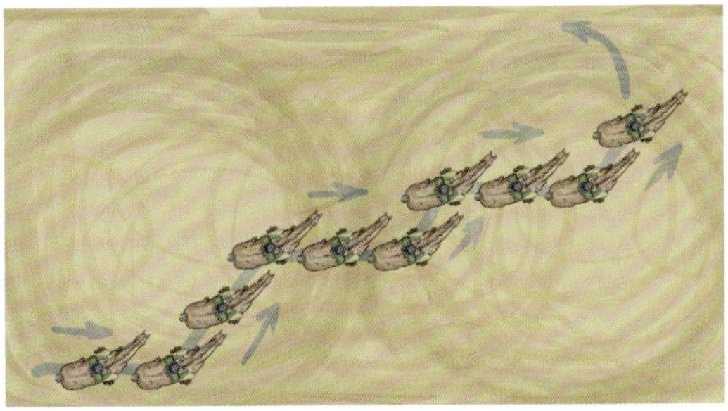

Achten Sie in der „Treppe" darauf, dass die Abstellung gleich mit der im Schulterherein bleibt.

SCHULTERHEREIN UND TRAVERSALEN ALS STUFEN

Eine gute Übung für Pferd und Reiter sind Stufen im Wechsel zwischen Schulterherein und Traversale. Tempo, Biegung und Abstellwinkel bleiben gleich. Reiten Sie ganze Bahn. Beginnen Sie mit Schulterherein an der langen Seite. Nach drei bis fünf Schritten wechseln Sie in die Traversale. Nach drei bis fünf Schritten reiten Sie wieder parallel zur Bande Schulterherein, wechseln dann wieder in die Traversale und wieder ins Schulterherein. Fortgeschritten können Sie diese Übung auch im Trab reiten.

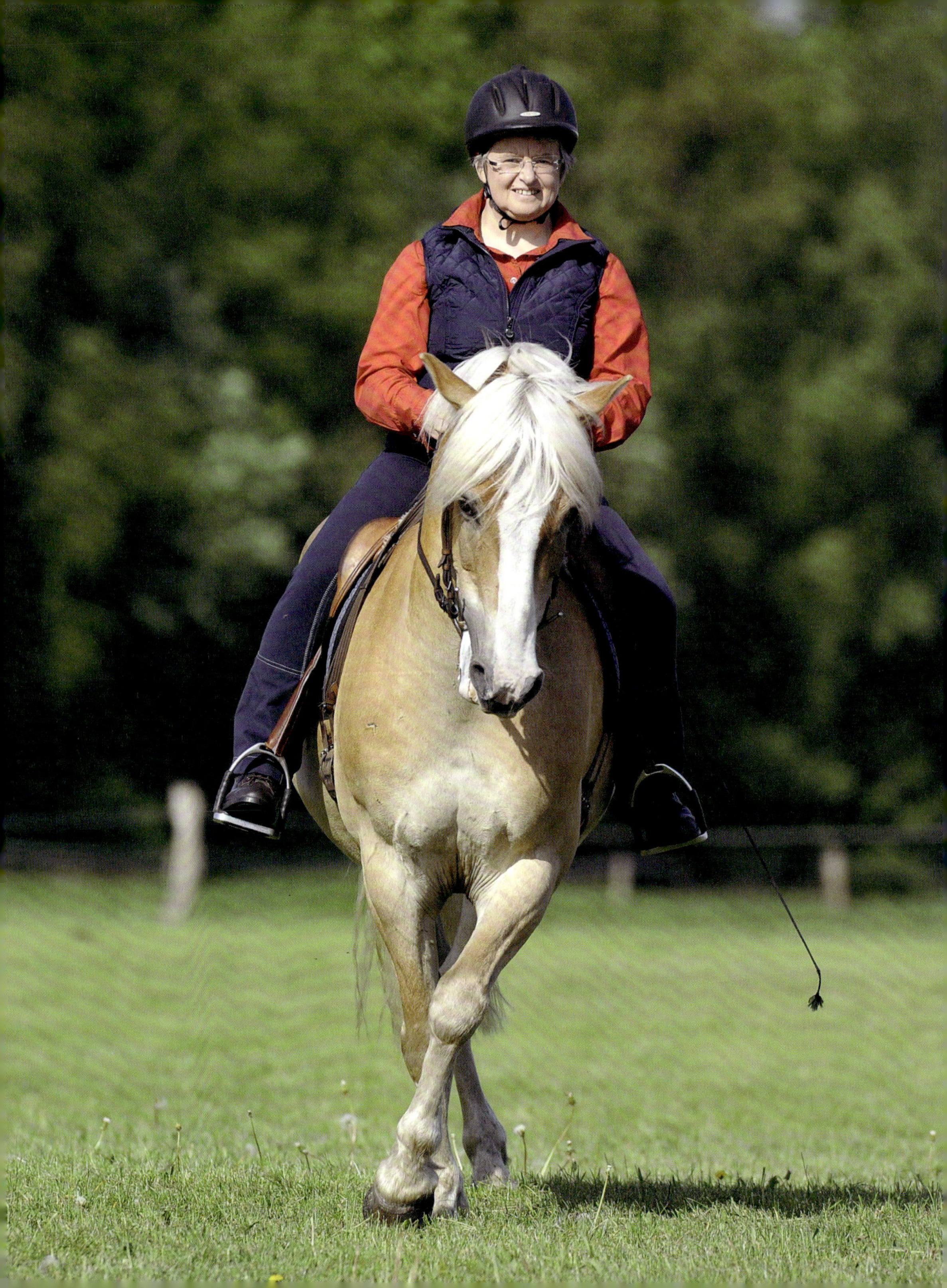

Service

Nützliche Adressen

Sibylle Wiemer Akademie
Sibylle Wiemer
D-27389 Fintel
Mobil: +49 (0) 172 45 40 452
E-Mail: s-wiemer@web.de oder
über Facebook
www.sibyllewiemer.de
www.sibylle-wiemer-akademie.de

Beritt und Pferdeausbildung in Fintel
Susanne Anger
www.susanneanger.de
www.via-ad-equos.de

Josenhof Kutter
Sonja und Oliver Kutter
D-88430 Rot an der Rot
www.josenhof-kutter.de

Reittreff Tullnerfeld
Stephanie und Karl Distl
Wagendorf 9
A 3443 Sieghartskirchen
https://reittreff.at

wehorse
Die Online-Reitschule
www.wehorse.com

Schule der Légèreté
Philippe Karl
www.philippe-karl.com

Deutsche Reiterliche Vereinigung (FN)
Freiherr-von-Langen-Str. 13
D-48231 Warendorf
Tel. +49 (0) 25 81 63 620
E-Mail: fn@fn-dokr.de
www.pferd-aktuell.de

Vereinigung der Freizeitreiter und -fahrer in Deutschland (VFD)
Christiane Ferderer
Zur Poggenmühle 22
D-27239 Twistringen
Tel. +49 (0) 42 43 94 24 04
E-Mail: vfd@vfdnet.de
www.vfdnet.de

Österreichischer Pferdesportverband (OEPS)
Geiselbergstraße 26 – 32 / Top 512
A-1110 Wien
Tel. +43 (0) 1 74 99 261
E-Mail: office@oeps.at
www.oeps.at

Schweizerischer Verband für Pferdesport (SVPS)
Papiermühlestr. 40 H
CH-3000 Bern 22
Tel. +41 (0) 31 33 54 343
E-Mail: info@fnch.ch
www.fnch.ch

Zum Weiterlesen

Heuschmann, Dr. Gerd: **Finger in der Wunde**, Was Reiter wissen müssen, damit ihr Pferd gesund bleibt; Edition WuWei bei KOSMOS 2015
Der Bestseller von Dr. Gerd Heuschmann beantwortet alle wichtigen Fragen zur Anatomie des Pferdes und weist für alle Reitweisen den Weg zum schonenden Ausbilden und Reiten.

Higgins, Gillian: **Anatomie, Gymnastizierung, Muskelaufbau**, Die besten Übungen am Boden; KOSMOS 2014
Die Erfolgsautorin beschreibt auf ihre gewohnt anschauliche Art die besten Boden-Übungen zur Gymnastizierung und zum Muskelaufbau des Pferdes. So bleibt der Pferderücken gesund und locker. Mit klar strukturiertem Seitenaufbau, prägnanten Texten und Fotos zu jedem Übungsschritt.
Extra: Anatomische Übersichten von Skelett und Muskulatur.

Karl, Philippe: **Irrwege der modernen Dressur**, Die Suche nach der klassischen Alternative; Cadmos Verlag 2009
Auf der Grundlage der psychischen, anatomischen und physiologischen Voraussetzungen des Pferdes analysiert Philippe Karl die Grundsätze der modernen Dressur, wie sie in den Richtlinien der Deutschen Reiterlichen Vereinigung festgeschrieben sind.

Krüger, Konstanze, Marr, Isabell: **Forschung trifft Pferd**, Neueste Erkenntnisse für ein besseres Verständnis; KOSMOS 2022
Die Verhaltensforschung hat in den letzten Jahren mit vielen Mythen und falschen Annahmen über das soziale Wesen Pferd aufgeräumt. Prof. Dr. Konstanze Krüger und Dr. Isabell Marr stellen die aktuellen Erkenntnisse zu Themen wie Sozialverhalten, Kommunikation und kognitiven Fähigkeiten vor und zeigen, wie sich dieses Wissen bei Pferdeausbildung und -training sowie im täglichen Umgang nutzen lässt. Ein Standardwerk zum Thema Pferdeverhalten – auf dem neuesten Stand der Wissenschaft. Auch als E-Book erhältlich.

Lubetzki, Marc: **Im Gespräch mit wilden Pferden**, Natürlich kommunizieren – die Koniks machen es uns vor; KOSMOS 2022
Nach dem großen Erfolg von „Im Kreis der Herde" geht es im neuen Buch von Marc Lubetzki um die Entschlüsselung der „Pferdesprache" und um den vertrauensvollen Austausch zwischen Mensch und Pferd. Auf faszinierenden Fotos erleben wir die Koniks im Naturschutzgebiet Geltinger Birk aus nächster Nähe und bekommen tiefe Einblicke in ihre natürliche Kommunikation. Marc Lubetzki erklärt Verhalten und Körpersprache der Wildpferde und zeigt, wie uns Menschen die Annäherung gelingt, wenn wir das Vertrauen der Pferde gewinnen und in einen echten Dialog mit ihnen treten. Es ist erstaunlich, was Pferde uns erzählen, wenn wir ihnen zuhören. Auch als E-Book erhältlich.

Meyners, Eckart: **Aufwärm- und Übungsprogramm** für Reiter; KOSMOS 2014
Aufwärmen ist in nahezu jeder Sportart Standard. Jetzt haben auch die Reiter die Bedeutung dieser

Vorbereitung erkannt. In diesem Ratgeber findet jeder Reiter heraus, wie er sich optimal auf das bevorstehende Training oder eine Turnierprüfung einstellen kann und warum es so wichtig ist, Körper und Geist vor dem Reiten und auf dem Pferd zu lockern und aufzuwärmen.

Meyners, Eckart: **Wie bewegt sich der Reiter?**, Bewegungsabläufe verstehen, Sitz & Hilfengebung verbessern; KOSMOS 2016
Der Bewegungsexperte Eckhart Meyners gibt einen Überblick über die Anatomie des Reiters auf Basis neuster wissenschaftlicher Erkenntnisse und macht verständlich, was beim Reiten im Körper passiert. Er schlägt Faszienübungen vor, die helfen sollen, Haltung, Fitness und Beweglichkeit zu verbessern. Auch als E-Book erhältlich.

Nölke, Marc: **Neuroathletik für Reiter**, Das Neuro-Rider-Trainingsprogramm; KOSMOS 2022
Die Methode des Erfolgstrainers Marc Nölke trainiert gezielt jene Gehirnareale des Reiters, die für Stabilität, Rhythmusgefühl, Bewegungspräzision und die Sehzentrale zuständig sind. So werden Beweglichkeit und Körperhaltung verbessert, Muskelprobleme gelöst, die Konzentrationsfähigkeit gestärkt und sogar Ängste und Traumata überwunden. Die 62 Übungen können durch Fotoanleitungen und zusätzliche Videos auf der KOSMOS-PLUS-APP leicht umgesetzt werden. Danach fühlt man sich auf dem Pferderücken leichter und selbstverständlicher und wird effektiver und entspannter reiten. Auch als E-Book erhältlich.

Tietze, Tuuli: **Reiten mit inneren Bildern**; KOSMOS 2016
Erfolgreiches Reiten beginnt mit inneren Bildern, diese Erfahrung machen immer mehr Reiter. Aber warum verstehen Pferde die menschliche Vorstellungskraft und welche inneren Bilder eignen sich für welche Lektionen? Dressurausbilderin und Reitlehrerin Tuuli Tietze erklärt wichtige Grundregeln der mentalen Verständigung und stellt viele praktische Regieanweisungen für das reiterliche Kopfkino vor.

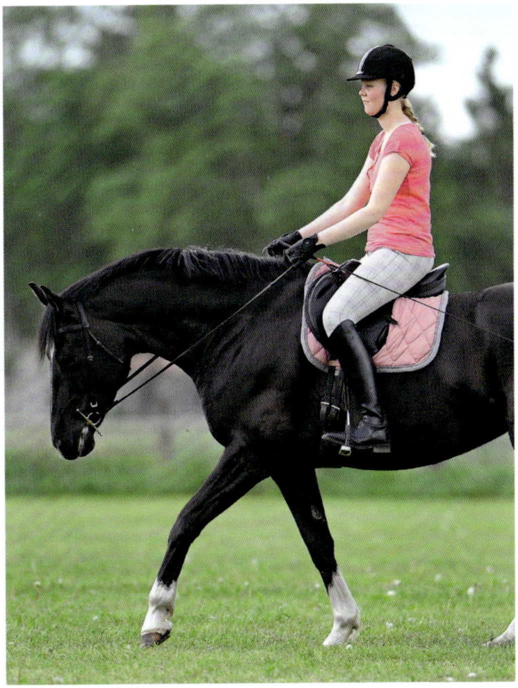

Wiemer, Sibylle: **Hufschlagfiguren kennen und präzise reiten**; E-Book, KOSMOS 2015
Das korrekte Reiten von Hufschlagfiguren gehört zu jeder Reitstunde und ist das A und O der Ausbildung von Pferd und Reiter. Die erfahrene Reitlehrerin Sibylle Wiemer stellt in diesem kompakten Ratgeber alle wichtigen Bahnfiguren mit praktischen Tipps für Sitz und Hilfengebung vor.

Wiemer, Sibylle: **Gymnastizierendes Reittraining**, Die besten Übungen; E-Book, KOSMOS 2013
Möchten Sie Ihr Pferd so gymnastizieren, dass es als Reitpferd körperlich und mental gesund bleibt? Die erfahrene Reitlehrerin Sibylle Wiemer stellt 49 Lektionen vor, mit denen Sie zu mehr Flexibilität, Mobilität und Balance gelangen. Mit vielen Fotos, Lösungen für häufige Probleme und praktischen Tipps bietet die „Die besten Übungen"-Reihe schnelle, übersichtliche und handfeste Informationen.

Wiemer, Sibylle: **Leichtigkeit im Dressurreiten**, Lösen, biegen, versammeln; E-Book, KOSMOS 2016
Dieser Ratgeber bietet schnelle und übersichtliche Informationen für fortgeschrittene Reiter, die ihr Pferd gymnastizieren, motivieren und gesund erhalten möchten. Gekonnt verknüpft die erfahrene Reitlehrerin Sibylle Wiemer grundlegende Dressurlektionen mit Übungen aus der Schule der Légèreté. Ihr Ansatz hilft, Reitstunden eigenständig zu strukturieren und sich immer wieder neue Schwerpunkte zu setzen. Zahlreiche Tipps für Problemlösungen und Kontrollen stellen sicher, dass die Übungen richtig gelingen.

Pferde-News von KOSMOS gibt es auch auf Facebook und Instagram unter **kosmos.pferde**

ICH DANKE

Meinen Reitschülerinnen:
Karen Stubenvoll
Johanna Steinbruch
Esther Walter
Katja Dennert
Dorothee Holste

Meinen Kolleginnen:
Sonja Kutter (Rot a. d. Rot)
Susanne Anger (Fintel)
Stella Riegler (Wagendorf)
Stephanie Distl (Wagendorf)
Friederike Roggemann (Bremen)
Gabriele Wegner (Hamburg)
Julia Schmidt (Schneverdingen)
Antonia Scholz (Veitsbronn)
Inken Heydeck (Wietzendorf)
Claudia Halmbacher (Tegernsee)
Diandra Laudel (Nürnberg)
Nicole Riedmayr (Holzkirchen)
Svenja Brauer (Emkendorf)

All den wundervollen Pferden in ihrer Vielfalt und besonders meinen Lehrpferden.

Meine besondere Hochachtung gilt meiner Lektorin Gudrun Braun für ihre Ausdauer und ihre Geduld.
Danke an alle Mitarbeiter des KOSMOS Verlages.

Besonderer Dank gilt Stephan Fischer für die wundervollen Zeichnungen: www.reiten-ist-kommunikation.de.

Register

BILDNACHWEIS

Mit 49 Farbfotos von Horst Streitferdt/KOSMOS (Seite 3, 13, 15, 18, 19, 24, 25, 28, 29, 40, 41, 55, 56, 57, 60, 61, 66–75, 90, 91, 120), alle weiteren 112 Farbfotos von Sibylle Wiemer.

Mit 12 Farbzeichnungen von Stephan Fischer.

IMPRESSUM

Umschlaggestaltung von Jeanne van Stuyvenberg, die basis, Wiesbaden unter Verwendung von 6 Farbfotos von Horst Streitferdt/ Kosmos (Außen- und Innenklappe vorne) und 3 Farbfotos von Sibylle Wiemer (U1, U4 und Außenklappe hinten).

Mit 161 Farbfotos und 12 Farbzeichnungen

Gedruckt auf chlorfrei gebleichtem Papier

ISBN 978-3-440-17531-6
Redaktion: Gudrun Braun
Grundlayout: Friedhelm Steinen-Broo, eStudio Calamar
Gestaltung und Satz: Atelier Krohmer, Dettingen/Erms
Produktion: Claudia Frank
Printed in Germany / Imprimé en Allemagne

FSC
www.fsc.org
MIX
Papier aus verantwortungsvollen Quellen
FSC® C110508

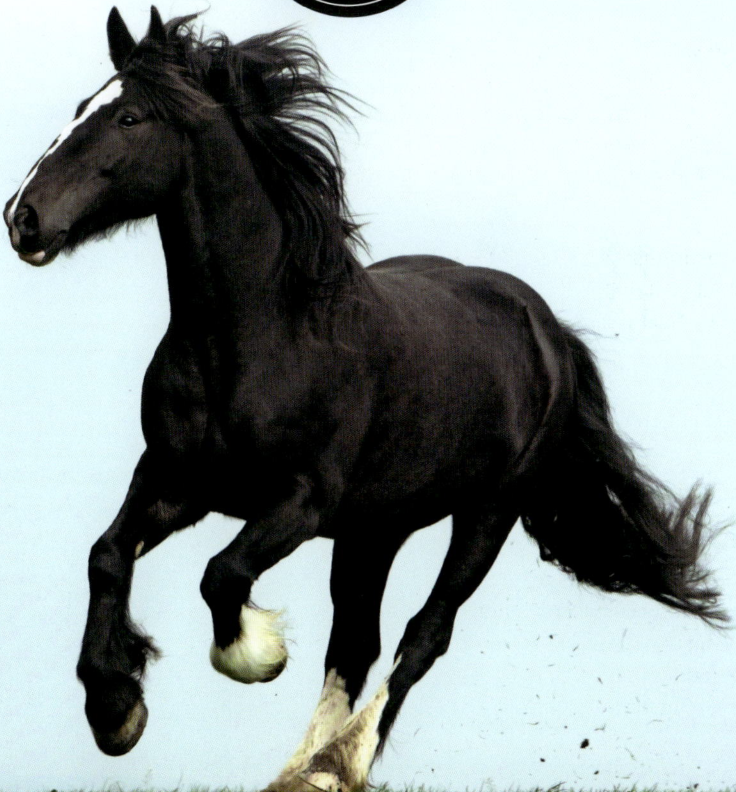

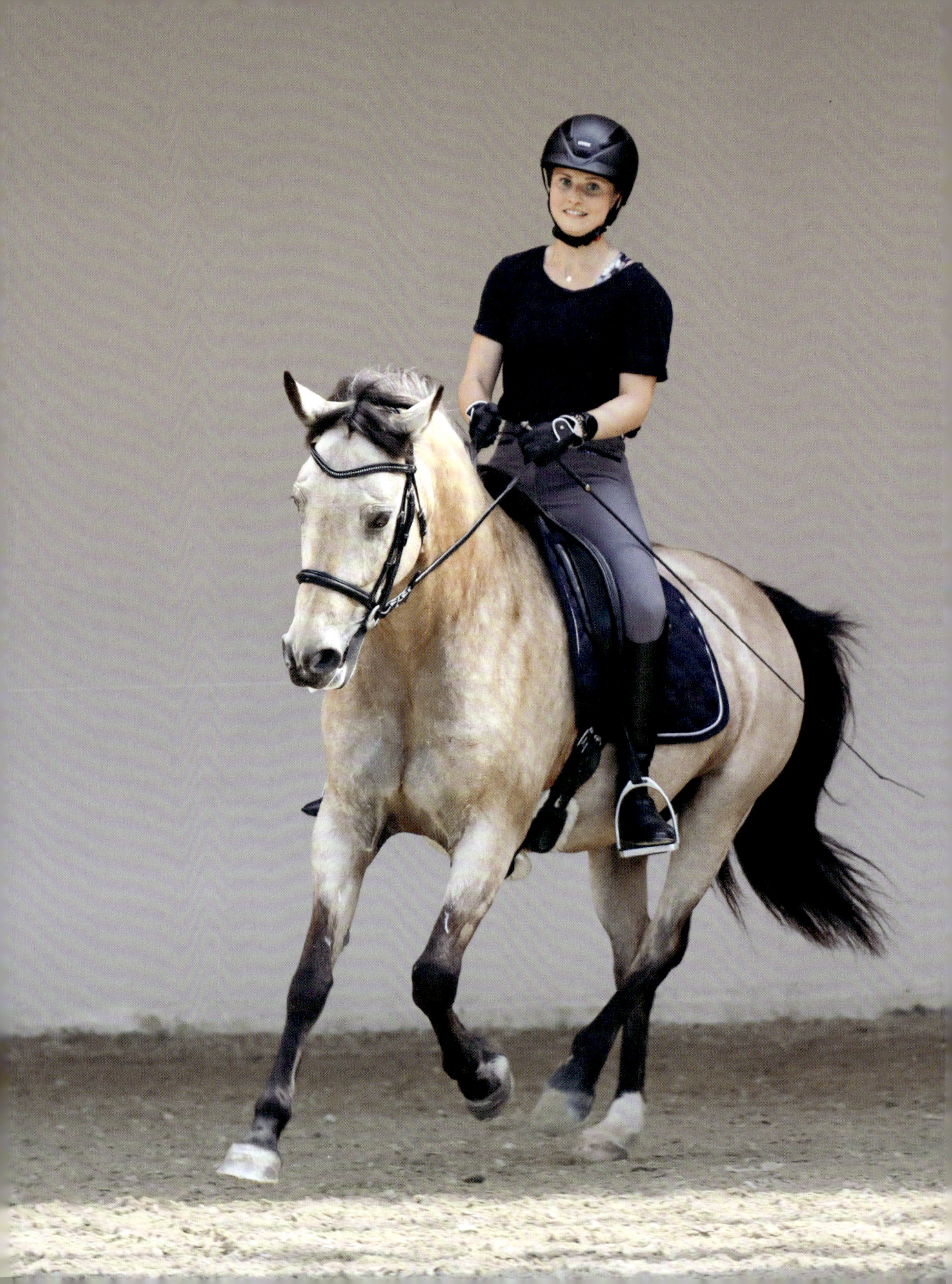